Jakob J. Petuchowski

Es lehrten unsere Meister

„Es lehrten unsere Meister...”

Rabbinische Geschichten
aus den Quellen neu erzählt
und herausgegeben von

Jakob J. Petuchowski

Herder Freiburg · Basel · Wien

Umschlagbild:
Die fünf Rabbiner von Benei Berak
Ausschnitt aus
Haggada Ms. Add. 14762, Fol. 7 v.
Mit freundlicher Genehmigung
der British Library, London.

DRITTE AUFLAGE

Herstellung: Freiburger Graphische Betriebe 1979
ISBN 3-451-18492-3

Gewidmet
meinen christlichen Freunden in Deutschland,
die sich um die Wiederentdeckung
des Judentums bemühen.

„Der Sohn trägt nicht an der Verfehlung des Vaters,
der Vater trägt nicht an der Verfehlung des Sohns,
die Bewährung des Bewährten, auf ihm ist sie,
die Schuld des Schuldigen, auf ihm ist sie."

Ezechiel 18,20

Inhalt

Einleitung

Im klassischen rabbinischen Schrifttum, also etwa bis zum Abschluß des babylonischen Talmuds im 7. Jahrhundert der gewöhnlichen Zeitrechnung und noch einige Jahrhunderte später, gibt es kein hebräisches oder aramäisches Wort, das dem Wort „Theologie" im eigentlichen Sinne gleichkommt. Das heißt nun allerdings nicht, daß die alten Rabbinen keine Theologie hatten. Ohne Theologie hätte sich ja das rabbinische Judentum gegenüber den anderen geistigen Strömungen seiner Zeit (Hellenismus, Parsismus, Gnostizismus, Christentum, usw.) gar nicht behaupten können. Aber es heißt doch, daß man in den rabbinischen Akademien Palästinas und Babyloniens Theologie eben etwas anders betrieb als es z. B. bei den jüdisch-hellenistischen Denkern, den Kirchenvätern und im mittelalterlichen Judentum geschah.

Man teilte nämlich das gesamte jüdische Schrift- und Gedankengut in zwei Abteilungen – ohne daß freilich dabei die Texte selbst in ihrem Aufbau diese Differenzierung vornehmen. Die erste Abteilung nannte man *Halakhah,* d. h. der „Weg", auf dem man zu gehen hatte, also das Gesetz der Bibel in seiner rabbinischen Interpretation. Um diese Interpretation wurde oft gestritten, und man versuchte immer, gewöhnlich durch Mehrheitsbeschluß, zu einer allgemein verbindlichen Entscheidung zu kommen.

Alles aber, was nicht im strengen Sinne zum „Gesetz" gehörte, nannte man *Haggadah* (auf hebräisch) oder *Aggada* (auf aramäisch). Dieses Wort heißt soviel wie „Erzählung". Es bedeutet aber noch weit mehr, besonders wenn man sich seines Ursprungs bewußt ist. Das Wort *Aggada* stammt aus einem terminus technicus der rabbinischen Bibelexegese, *maggid hakkathubh* = „Der Schriftvers bedeutet, besagt, sagt aus". Und dahinter liegt dann die ursprüngliche biblische Bedeutung des Verbums *nagad* in der *Hiph'il* Stammform, wie etwa in Exodus 13,8, *wehiggadta lebhinekha,* „Du sollst deinem Sohne an jenem Tage *erzählen*" – was sich dort auf die heilsgeschichtliche Tatsache des Auszugs aus Ägypten bezieht. Auch die messianische „Verkündigung", wie etwa in Jesaja 42,9 („Siehe, was Ich zuvor habe verkündigt, ist gekommen; so verkündige Ich – *maggid* – auch Neues"), hat mit unserem Wort zu tun. So ist *Aggada* die kerygmatische „Erzählung", die aus dem biblischen Text herausgeschält wird, wie auch das anwachsende religiöse Gedankengut, das in den biblischen Text hineingelesen wird oder sich auch nur teilweise an ihn anlehnt. Auch die obiter dicta der rabbinischen Weisen und ihre Lebensbeschreibungen sind *Aggada,* ohne daß sie unbedingt hermeneutisch mit biblischen Texten in Verbindung gebracht werden.

„Willst du", so heißt es einmal in der rabbinischen Literatur, „Ihn erkennen, durch Dessen Wort die Welt geschaffen wurde? Dann lerne die *Aggada!* Denn durch sie erkennst du den Heiligen, gelobt sei Er, und kannst dich Seinen Wegen anschließen." (*Sifré* zum Deuteronomium, *Pisqa* 49, ed. Finkelstein, S. 115.)

Hatte man versucht, auf dem Gebiete der *Halakkah,* durch Abstimmungen oder autoritäre Erlässe, eine gewisse Gleichförmigkeit in das jüdische Leben zu bringen, so blieb, bis auf nur wenige Ausnahmen, das Gebiet der *Aggada* ganz frei. Ja, man schätzte sogar das üppige Nebeneinander der verschiedensten und sich gegenseitig widersprechenden Aussagen auf diesem Gebiet – ohne viele Versuche zu machen, sie miteinander zu harmonisieren. Die ganze und völlige Wahrheit war Gott überlassen. Der Mensch, selbst der Schriftgelehrte oder der Weise, war eben nur Mensch und konnte daher auch nur Bruchstücke der Wahrheit besitzen.

Zu diesem Gebiet der *Aggada* gehört aber nun das, was man außerhalb der rabbinischen Akademien als „Theologie" zu bezeichnen pflegte. Die alten Rabbinen also theologisierten „aggadisch", d. h. erzählend und verkündend – wie es ja, im Grunde genommen, schon die Bibel getan hatte.

Marshall McLuhan hat das Wort geprägt: „The medium is the message." Das mag nicht überall hundertprozentig zutreffen. Jedoch, wenn wir die Theologie der alten Rabbinen betrachten und die Art und Weise, in der sie theologisierten, so trifft das Wort von McLuhan immerhin vielfach zu.

Es sollen nun auf den folgenden Seiten Proben dieser „aggadischen" Theologie dem Leser vorgeführt werden*. Es kann hier nicht davon die Rede sein, das theologische System der alten Rabbinen darzustellen. Schon deshalb nicht, weil es so etwas wie eine systematische Theologie für die Rabbinen überhaupt nicht gab. Sehr schön wurde dieser Mangel von Solomon Schechter formuliert: „Mit Gott als Wirklichkeit, Offenbarung als Tatsache, Torah als Lebensregel, und der Hoffnung auf Erlösung als lebendigste Erwartung, fühlten die Rabbinen keine Veranlassung dazu, ihre Lehrsätze in einem Glaubensbekenntnis zusammenzufassen... Was sie an Theologie hatten, drückten sie nur sporadisch und impulsiv aus." (*Some Aspects of Rabbinic Theology,* London 1909, S. 17.)

---

* Eine kleine „Kostprobe" erschien bereits unter dem Titel „Menschlich reden von Gott. Erzählende Theologie aus Israels Lehrhäusern" in: Karl Rahner und Bernhard Welte (Hg.), Mut zur Tugend. Über die Fähigkeit menschlicher zu leben (Freiburg i.Br. 1979) S. 145–152.

Auch beanspruchen die hier ausgewählten Textproben nicht, als „typisch" oder „normativ" für das religiöse Denken der Rabbinen anerkannt zu werden – obwohl sie das sein könnten. Auf dem Gebiet der *Halakhah* ließe sich so etwas schon machen; auf dem Gebiet der *Aggada* ist es beinahe per definitionem unmöglich. Für fast jede Aussage läßt sich irgendwo in der ausgedehnten rabbinischen Literatur eine Gegenaussage finden, und man kann nicht immer wissen, hinter welcher Position die Mehrheit der Rabbinen steht. Es handelt sich hier lediglich um eine von mir verantwortete quodlibet-Auswahl. Ich habe Stücke gewählt, die mich persönlich ansprechen und zum Denken anregen, und ich hoffe, daß andere moderne Menschen gleich mir eine Anregung in diesen alten Quellen finden mögen. Um aber dem Ethos der rabbinischen Literatur gerecht zu werden, wurde versucht, soweit wie möglich die Vielfältigkeit der Auffassungen zu Worte kommen zu lassen.

Es werden dem Leser hier „Nacherzählungen" geboten. Sie halten sich eng an den hebräischen oder aramäischen Wortlaut des Originals – um auch etwas von dem „Geschmack" dieser Theologie zu vermitteln. Aber die rabbinische Literatur ist stilistisch eine sehr eigenartige Literatur. Sie geht oft auf derselben Seite von einem ins andere und schweift weit aus, wodurch gelegentlich eine „aggadische" Darstellung durch eine „halakhische", oder eine „halakhische" Darstellung durch eine „aggadische" unterbrochen werden kann. Auch hat manchmal eine Erzählung mehr als eine Pointe und kann daher auf den ungeschulten Leser verwirrend wirken. Dazu kommt noch der lakonische und vielfach kryptische Stil der rabbinischen Erzählform, der an einer Stelle einfach voraussetzt, was an einer ganz anderen Stelle ausführlich gesagt wird. In den hier vorliegenden Nacherzählungen wurden deshalb einige Stücke gekürzt, andere dagegen durch erklärende Worte erweitert. Jedoch soll die jedem Stück hinzugefügte Quellenangabe es dem interessierten und zünftig ausgebildeten Leser ermöglichen, den Quellen selbst nachzugehen. Über das Genre dieser Literatur informiert Hermann L. Strack, *Einleitung in Talmud und Midraš* (München ^{5}1921). Von textkritischen und formgeschichtlichen Bemerkungen ist, dem Rahmen dieser Auswahl gemäß, bewußt Abstand genommen worden.

Die Übersetzung der biblischen Zitate ist, unter Zugrundelegung der Übersetzungen von Luther, Zunz und Buber – Rosenzweig, zum größten Teil von mir. Dazu soll bemerkt werden, daß eine jede Übersetzung der hebräischen Bibel im Grunde genommen schon eine Interpretation ist.

So hatten auch die alten Rabbinen ihre Interpretation, die sich nicht immer mit denen der neuzeitlichen Übersetzungen deckt. Es war daher nicht selten notwendig, in den Nacherzählungen die biblischen Texte so zu übersetzen, wie sie von den Rabbinen verstanden wurden.

Die thematische Einteilung dieser Auswahl stammt von mir. Sie ist der klassischen rabbinischen Literatur selbst fremd.

Zum besseren Verständnis der ausgewählten Stücke sei auch noch folgendes gesagt:

(1) Die Rabbinen lehrten: „Nachdem die letzten Propheten, Haggai, Sacharja und Maleachi, gestorben waren, entfernte sich der Heilige Geist von Israel." (B. *Joma* 9 b) Damit war ausgedrückt, daß alles, was Gott zu offenbaren hatte, alles, was „kanonisch" zu sein verdient, bereits von Gott geoffenbart wurde. „Heiliger Geist" ist im rabbinischen Judentum gleichbedeutend mit „Geist der Prophetie". Dennoch konnten sich die Rabbinen nicht mit dem Gedanken abfinden, daß Gott dem Menschen keine Mitteilungen mehr macht. Sie glaubten daher an verschiedene Arten indirekter Offenbarung. Eine davon war die *bath qol* (wörtlich: „Tochter der [göttlichen] Stimme"), eine himmlische Stimme, die zwar nicht den Rang der ehemaligen prophetischen Offenbarung innehatte und die auch zuweilen

nicht anerkannt wurde, die aber trotzdem gelegentlich als Mitteilerin des göttlichen Willens die Rolle der alten Propheten übernahm. Eine andere Art der indirekten Offenbarung war die Person des Propheten Elia, der zwar, nach 2 Könige, Kapitel 2, mit einem feurigen Wagen gen Himmel fuhr, von dessen eigentlichem Sterben die Bibel aber nichts berichtet. Elia ist daher der Prophet, der nie gestorben ist. Er wird einst die Ankunft des Messias verkünden (vgl. Maleachi 3,23). Inzwischen erscheint er hier und da den Frommen – entweder um sie aus einer drohenden Not zu retten oder um ihnen Gottes Botschaft kundzutun.

(2) Wir haben das Wort „Torah" unübersetzt gelassen, weil es sich einfach nicht mit einem einzelnen Wort übersetzen läßt. Die geläufige Übersetzung „Gesetz", die auf die Septuaginta zurückgeht, vernachlässigt den „belehrenden" (also nicht-gesetzlichen) Teil der Torah. Dagegen ignoriert die Übersetzung „Lehre" den gesetzlichen Teil der Torah. Das Wort „Torah" bedeutet eben beides. Auch bezieht sich „Torah" nicht nur auf den Pentateuch, die sog. „Fünf Bücher Mosis", sondern, im erweiterten Sinne, auf die ganze Bibel. Da es aber, nach rabbinischer Auffassung, neben der „geschriebenen Torah" auch eine „mündliche Torah" gibt, die dann später ihren schriftlichen Niederschlag in der rabbini-

schen Literatur gefunden hat, so bedeutet „Torah" das gesamte religiöse Schrifttum schlechthin und könnte daher, wenn es sein muß, als „die auf göttlicher Offenbarung basierende Literatur der Juden" übersetzt werden. Der Gebrauch des unübersetzten Wortes „Torah" schien mir jedoch einfacher zu sein.

Dieses Buch verdankt seine Entstehung einer Anregung aus dem Verlag Herder.

Dank gebührt Frau Dr. Elizabeth R. Petuchowski, die mit gewohnter Hilfsbereitschaft ihrem Gatten bei dem Zustandekommen dieses Buches zur Seite stand.

Cincinnati, Ohio, U.S.A.
25. Kislew 5739 / 25. Dezember 1978

Jakob J. Petuchowski

I Von Gott und den Göttern

Was dürfen wir über Gott aussagen?

Als die jüdischen Gebetsformeln noch flüssig waren und nur die Reihenfolge der Gebete und ihre Inhalte, aber noch nicht ihr voller Wortlaut, festgelegt waren, da leitete einmal ein Mann den öffentlichen Gottesdienst in der Anwesenheit des Rabbi Chanina.

Der Mann begann das Hauptgebet in folgender Weise:

„Gelobt seist Du, Herr,
unser Gott und Gott unserer Väter,
Gott Abrahams, Gott Isaaks und Gott Jakobs,
großer, allmächtiger, furchtbarer,
prächtiger, starker, ehrfurchtgebietender
kräftiger, gewaltiger, gewissenhafter
und verehrter Gott!“

Rabbi Chanina wartete, bis der Mann damit fertig war, und sprach zu ihm:

„Bist du nun endlich mit den Preisungen deines Herrn zu Ende? Sieh mal, wenn Moses nicht selbst im Deuteronomium 10,17 geschrieben hätte, daß Gott „groß, allmächtig und furchtbar“ ist und wenn die Männer der Synagoga Magna diese drei Attribute nicht für den Gebetstext angeordnet hätten, dann dürften wir noch nicht einmal diese drei Attribute im Gebet erwähnen.

Du aber leierst stundenlang göttliche Attribute her!

Das läßt sich mit dem Fall eines Königs vergleichen, der einen Schatz von Millionen von goldenen Denarii besitzt. Und nun kommen Menschen daher, die den König preisen, weil er *silberne* Denarii besitzt. Wäre denn das keine Beleidigung für den König?"

Nach b. *Berakhoth* 33 b; vgl. b. *Megillah* 25 a

Kein Platz ohne Gott

Ein Heide fragte einmal Rabbi Josua ben Karechah: „Warum wählte Gott einen Dornbusch, um mit Moses aus ihm zu reden?"

Der Rabbi antwortete: „Hätte Er einen Johannisbrotbaum oder einen Maulbeerbaum gewählt, so würdest du ja die gleiche Frage gestellt haben. Doch es ist unmöglich, dich ohne eine Antwort fortgehen zu lassen. Daher sage ich dir, daß Gott den ärmlichen und kleinen Dornbusch gewählt hat, um dich zu belehren, daß es auf Erden keinen Platz gibt, an dem Gott nicht anwesend ist. Noch nicht einmal einen Dornbusch."

Nach *Exodus Rabbah* 2,5; vgl. *Numeri Rabbah* 12,4

Gnade

„Wem Ich aber gnädig bin,
dem bin Ich gnädig;
und wes Ich Mich erbarme,
des erbarme Ich Mich." *Exodus 33,19*

Damals zeigte der Heilige, gelobt sei Er, dem Moses alle Schatzkammern des Himmels, wo der Lohn für die Gerechten aufgespeichert ist.

Moses fragte Ihn: „Herr der Welt, für wen ist diese Schatzkammer bestimmt?"

Gott antwortete: „Für diejenigen, welche ein gerechtes Leben führen."

„Und diese Schatzkammer?"

„Für Leute, welche die Waisen unterstützen."

Und so ging es immer weiter, bis sie an eine ganz riesige Schatzkammer kamen.

Da fragte Moses: „Für wen ist diese Schatzkammer bestimmt?"

Gott antwortete ihm: „Wenn jemand seinen eigenen Verdienst hat, dann gebe Ich ihm, was ihm aus seiner Schatzkammer zusteht. Wenn aber jemand keinen eigenen Verdienst hat, dann gebe Ich ihm gratis (d.h. aus reiner Gnade) aus dieser Schatzkammer."

Daher heißt es auch: „Wem Ich aber gnädig bin, dem bin Ich gnädig."

Nach *Midrasch Tanḥuma, Ki Thissa,* 16, ed. Buber, p. 58b; vgl. *Exodus Rabbah* 45,6

Meine Kinder sollen von mir lernen

Rabbi Jochanan sagte im Namen des Rabbi Simeon bar Jochai:

Was bedeutet es, wenn es (Jesaja 61, 8) von Gott heißt: „Denn Ich, der Herr, liebe das Recht und hasse Brandopfer mit Raub?"

Dies kann mit einem irdischen König verglichen werden, der an einem Zollhaus vorbeikommt und seinen Dienern sagt: „Zahlt den Zöllnern den Zoll!"

Da sagten sie zu ihm: „Unser Herr! Gehört nicht ohnedies das Einkommen aus dem ganzen Zollwesen dir? Warum mußt du Zoll bezahlen?"

Doch der König antwortete: „Alle Reisenden sollen von mir lernen, dem Zoll nicht zu entweichen."

So sprach auch der Heilige, gelobt sei Er: „Ich hasse Brandopfer mit Raub. Meine Kinder sollen von Mir lernen und sich vom Raub fernhalten!"

Nach b. *Sukkah* 30a

Gott ist kein Dieb

Der römische Kaiser sagte einmal zu Rabban Gamaliel: „Euer Gott ist doch ein Dieb, denn es heißt (Genesis 2, 21): ‚Da ließ Gott der Herr einen tiefen Schlaf auf Adam fallen, und er schlief ein. Und Er nahm eine seiner Rippen usw.'"

Da sprach des Kaisers Tochter zu Rabban Gamaliel: „Überlasse ihn mir, und ich werde ihm schon antworten."

Dann bat sie ihren Vater, ihr einen Hauptmann zur Begleitung nach Hause abzukommandieren.

„Wozu brauchst du ihn denn?" fragte der Kaiser.

Sie antwortete: „Diebe kamen zu uns ins Haus gestern in der Nacht. Sie haben einen silbernen Krug geraubt und uns statt seiner einen goldenen Krug gebracht."

„Ach", sagte der Kaiser, „mögen doch solche Diebe täglich zu uns kommen!"

„Genau!" antwortete die Tochter. „War es denn nicht Adams Gewinn, daß ihm eine Rippe weggenommen wurde und er dafür ein Weib als Geschenk bekam?"

Nach b. *Sanhedrin* 39a

Die verschiedenen Erscheinungen

Ein Ketzer fragte einst den Rabbi Meir: „Wie ist es denn möglich, daß Er, von dem es (Jeremia 23,24) heißt, ‚Bin Ich es nicht, der Himmel und Erde füllt', mit Moses aus dem kleinen Raum zwischen den zwei Stangen der Bundeslade (vgl. Exodus 25,22) geredet haben soll?"

Da sagte Rabbi Meir: „Bring mir einen konvexen Spiegel!"

Er brachte ihn, und Rabbi Meir befahl: „Schau in den Spiegel!"

Er tat es und fand sich vergrößert widergespiegelt.

Nun befahl ihm Rabbi Meir: „Bring mir einen konkaven Spiegel!"

Er tat es. Rabbi Meir sagte: „Schau hinein!"

Der Mann blickte in den Spiegel und fand sich verkleinert widergespiegelt.

Jetzt aber sprach Rabbi Meir: „Du bist doch nur Fleisch und Blut. Dennoch kannst du dich nach Belieben vergrößern oder verkleinern. Um wieviel mehr kann Er das tun, durch dessen Wort die Welt erschaffen wurde! Wenn es Ihm beliebt, dann füllt Er Himmel und Erde; und wenn es Ihm beliebt, dann redet Er mit Moses aus dem kleinen Raum zwischen den zwei Stangen der Bundeslade."

Nach *Genesis Rabbah* 4,4, ed. Theodor – Albeck, S. 27–28

Die geheime Verheißung

„Da sprach Gott zu Moses: ‚Ich bin, der Ich sein werde.‘ Und Er sprach: Also sprich zu den Israeliten: ‚Ich bin hat mich zu euch gesandt.‘“

Exodus 3,14

Rabbi Jakob bar Abina erklärte diesen Text im Namen des Rabbi Huna aus Sepphoris:

Der Heilige, gelobt sei Er, sprach zu Moses: „Sage den Israeliten, daß Ich bei ihnen in dieser Unterdrückung bin und daß Ich bei ihnen auch in zukünftigen Unterdrückungen sein werde."

Darauf erwiderte Moses: „Soll ich ihnen das wirklich sagen? Genügt ihnen denn nicht das Übel des Augenblicks? Warum noch von zukünftigen Unterdrückungen reden?"

Da antwortete der Heilige, gelobt sei Er: „Nein, zu den Israeliten sage nur, daß *Ich bin* (aber nicht: Ich bin, der Ich sein werde) dich gesandt hat. Daß es auch noch zukünftige Unterdrückungen geben wird, habe ich nur dir, und nicht ihnen, offenbart." Nach *Exodus Rabbah* 3,6

Gott besteht auf Wahrheit

Moses war gekommen und hatte gesagt: „Der große Gott, mächtig und furchterregend" (Deuteronomium 10,17).

Da kam Jeremia und sprach: „Fremde zerstören Seinen Tempel. Und wo sind Seine furchterregenden Taten?"

Darum ließ er (in Jeremia 32,17f.) das Attribut „furchterregend" aus.

Daniel kam und sprach: „Fremde versklaven Seine Söhne. Und wo sind Seine mächtigen Taten?"

Darum ließ er (in Daniel 9,4ff.) das Attribut „mächtig" aus.

Aber wie konnten Jeremia und Daniel etwas von Moses Vorgeschriebenes auslassen?

Rabbi Eleasar sagte: „Weil sie wußten, daß der Heilige, gelobt sei Er, auf Wahrheit besteht, konnten sie keine Unwahrheiten über Ihn aussprechen."

Nach b. *Joma* 69b

Der leidende Gott

„Gott rief zu ihm aus dem Dornbusch."

Exodus 3,4

Der Heilige, gelobt sei Er, sprach zu Moses: „Fühlst du denn nicht, daß Ich mich in Schmerzen befinde, genau wie Israel sich in Schmerzen befindet? Merke es an dem Ort, aus dem Ich mit dir rede – aus den Dornen! Wenn man so sagen könnte, teile Ich Israels Leid."

Daher heißt es auch (Jesaja 63,9): „Bei all ihrer Bedrängnis war Ihm leid."

Nach *Exodus Rabbah* 2,5

Schwierig wie das Spalten des Meeres

Eine römische Dame fragte Rabbi Jossé ben Chalafta: „In wieviel Tagen hat Gott die Welt geschaffen?"

Er antwortete ihr: „In sechs Tagen, denn so heißt es (Exodus 31, 17): ‚In sechs Tagen machte der Herr Himmel und Erde.'"

„Und was hat Er seitdem gemacht?"

„Er verbindet die Paare und schließt die Ehen. Er bestimmt, wessen Tochter wen heiraten soll."

„Ja!" antwortete die Dame. „Das kann ich ja auch tun. Ich besitze sehr viele Knechte und Mägde, und ganz leicht kann ich sie paaren."

Doch Rabbi Jossé sprach: „Du magst das leicht finden. Für Gott aber ist es so schwierig wie das Spalten des Schilfmeeres."

Rabbi Jossé ging weg, und sie stellte ein Tausend Knechte und ein Tausend Mägde in zwei sich gegenüberstehenden Reihen auf.

Dann befahl sie: „So-und-so heiratet So-und-so, und So-und-so heiratet So-und-so!"

Das sollte alles in der gleichen Nacht geschehen.

Am nächsten Morgen kamen die so gepaarten Knechte und Mägde zu der Dame, der eine mit zerbrochenem Schädel, der andere mit ausgeschlagenem Auge, ein dritter mit gebrochenem

Bein. Dieser sagte: „Ich mag diese Frau nicht!" Jene sagte: „Ich kann diesen Mann nicht leiden!"

Da ließ sich die römische Dame den Rabbi Jossé ben Chalafta holen und sprach zu ihm: „Deine Torah hat absolut recht, und was du erzählt hast, ist wirklich wahr!"

Rabbi Jossé aber sprach: „Das habe ich dir doch gesagt. Du magst das Eheschließen als leichte Sache ansehen. Für Gott jedoch ist es so schwierig wie das Spalten des Schilfmeeres."

Nach *Pessiqta de Rab Kahana, Pissqa* 2, ed. Buber, p. 11 b–12 a; vgl. *Genesis Rabbah* 68, 4, und *Leviticus Rabbah* 8, 1

Der nahe Gott

Rabbi Tanchum erzählte:

Auf einem heidnischen Schiff, das auf dem Mittelmeer segelte, befand sich auch ein jüdisches Kind. Ein gewaltiger Sturm erhob sich auf dem Meer. Jeder einzelne Passagier griff nach seinem Götterbild und rief es an. Es nutzte aber nicht. Als die Leute sahen, daß das Anrufen der Götterbilder nichts nutzte, sprachen sie zu dem jüdischen Kind: „Steh auch du auf, Söhnchen, und ruf deinen Gott an. Wir haben nämlich gehört, daß Er euch antwortet, wenn ihr zu Ihm schreit, denn Er ist mächtig."

Das Kind stand sofort auf und schrie zu Gott mit seinem ganzen Herzen. Gott nahm sein Gebet an, und das Meer beruhigte sich.

Als sie am Trockenlande ausstiegen, ging ein jeder, seine Einkäufe zu machen, nur das jüdische Kind nicht. Da sprachen sie zu ihm: „Willst du dir nicht auch etwas kaufen?"

Das Kind antwortete: „Was wollt ihr von einem so elenden Fremdling, wie ich es bin?"

Die Leute erwiderten: „Du – ein elender Fremdling?! Wir sind doch die elenden Fremdlinge, denn wir sind hier, während unsere Götter in Rom oder in Babylonien sind. Ja, selbst die Leute, die ihre Götter hierher mitgebracht haben, wurden von ihren Göttern enttäuscht. Du aber, wo du auch hingehst, dein Gott ist mit dir."

Daher heißt es (Deuteronomium 4,7): „Denn welches großes Volk gibt es, dem die Götter so nahe sind, wie der Herr unser Gott uns nahe ist, so oft wir Ihn anrufen."

Nach p. *Berakhoth* IX, 1, ed. Krotoschin, p. 13b

Gott als Gastgeber

Es geschah einmal, daß Rabbi Elieser, Rabbi Josua und Rabbi Zadok an einem Gelage des Sohnes von Rabban Gamaliel teilnahmen. Da stand Rabban Gamaliel auf und bediente sie. Er gab Rabbi Elieser einen Becher; doch wollte Rabbi Elieser ihn nicht annehmen. Dann gab er Rabbi Josua einen Becher; und er nahm ihn an.

Rabbi Elieser sprach: „Was ist das, Josua? Sollen wir sitzen und uns von Rabban Gamaliel bedienen lassen?!"

Rabbi Josua antwortete: „Es gab noch einen größeren Mann als Rabban Gamaliel, der andere Menschen bediente. Abraham war der größte Mann seiner Generation. Dennoch heißt es in Genesis 18,8 von ihm, daß er stehend seine Gäste bediente. Und sagt mir nicht, daß Abraham wußte, daß seine Gäste Dienstengel waren! Er hielt sie für einfache arabische Wüstenwanderer. Warum sollen wir uns dann nicht von Rabban Gamaliel bedienen lassen?"

Da sprach Rabbi Zadok: „Wie lange beschäftigt ihr euch mit rein menschlichen Vorbildern, wenn Gott selbst uns als Vorbild dient?! Der Heilige, gelobt sei Er, läßt die Winde wehen und den Dunst von der Erde aufsteigen. Er läßt den Regen fallen und die Erde ihren Ertrag sprießen. Ja, Er deckt den Tisch für jeden einzelnen Menschen. Warum sollen wir uns dann nicht von Rabban Gamaliel den Wein einschenken lassen?"

Nach b. *Qidduschin* 32b

Im Bade der Aphrodite

Einst badete Rabban Gamaliel im Bade der Aphrodite zu Akko. Der Philosoph Proklos traf ihn dort an und sagte zu ihm: „Steht denn nicht in eurer Torah, daß ihr nicht den geringsten Gewinn von dem verbannten Götzendienst haben dürft? Wie kommst du also dazu, im Bade der Aphrodite zu baden?"

Rabban Gamaliel antwortete ihm: „Man darf über die Worte der Torah nicht im Bade diskutieren."

Nachdem er herausgegangen war, sprach er wie folgt: „Ich habe mich ja nicht in das Gebiet der Statue der Aphrodite begeben. Vielmehr ist sie in mein Gebiet gekommen. Man sagt ja auch nicht: ‚Das Bad ist der Aphrodite zur Zierde gemacht worden', sondern: ‚Eine Aphrodite ist dem Bade zur Zierde gemacht worden.' Das Verbot, auf das du dich beziehst, spricht nur von Götzen, die tatsächlich als Gottheiten angesehen werden. Was man aber nicht als einen Gott behandelt, ist erlaubt. Und das, was die Menschen im Bade tun, kann gewiß nicht als Gottesdienst betrachtet werden."

Nach *Mischnah ‘Abhodah Zarah* 3,4

Der Kaiser, der Gott werden wollte

Als der römische Kaiser Hadrian die ganze Welt bezwungen hatte, ging er nach Rom. Dort sprach er zu den Leuten in seinem Palast: „Ich verlange von euch, daß ihr mich zum Gotte macht, denn ich habe die ganze Welt bezwungen."

Da sprachen sie zu ihm: „Du hast deine Regierung noch nicht über Seine Stadt und Sein Haus ausgebreitet."

Er zog nach Jerusalem, und es gelang ihm, das Heiligtum zu zerstören und Israel zu verbannen.

Als er nach Rom zurückgekehrt war, sprach er wieder zu den Leuten in seinem Palast: „Ich habe soeben Sein Haus verwüstet, Seinen Tempel verbrannt und Sein Volk vertrieben. Jetzt macht mich zum Gotte!"

Rabbi Berechjah erzählte:

Hadrian hatte drei Philosophen.

Der erste sprach zu ihm: „Niemand kann gegen einen König in seinem eigenen Palast rebellieren, sondern nur draußen. Geh aus Seinem Palast heraus, und dann kannst du zum Gotte gemacht werden. Jedoch sind Himmel und Erde Seine Schöpfung. Verlasse sie, und dann kannst du Gott werden!"

Der zweite sprach: „Das kannst du aber nicht tun, denn Gott hat schon längst Seinen Propheten gesagt: ‚So sprecht zu ihnen also: Die Götter, die Himmel und Erde nicht gemacht haben, müssen verschwinden von der Erde und unter dem Himmel.‘ (Jeremia 10, 11)“

Der dritte sprach: „Ich bitte dich, hilf mir in dieser schweren Stunde!“

Hadrian fragte: „Was ist denn los?“

Der Philosoph antwortete: „Ich habe ein Schiff, drei Meilen entfernt von hier, das im Meere verschlagen ist. Mein ganzes Vermögen liegt in ihm.“

Da sprach Hadrian: „Ich schicke meine Legionen und meine Schiffe dorthin, und sie werden dein Schiff retten.“

Der Philosoph erwiderte: „Mein Herr, du brauchst deine Legionen und Schiffe dorthin nicht zu bemühen. Schicke einfach nur etwas ruhigen Wind, und dann hast du mein Schiff gerettet.“

Hadrian aber sprach: „Und woher nehme ich diesen Wind?“

Da antwortete der Philosoph: „Was, du kannst keinen Wind schicken, aber zum Gotte willst du dich machen lassen! Es heißt aber doch (Jesaja 42, 5): ‚So spricht Gott, der Herr, der die Himmel schafft und ausbreitet, der die Erde macht und ihr Gewächs, der dem Volk, das darauf ist, den Odem gibt, und den Geist (das hebräische Wort kann auch *Wind* bedeuten) denen, die auf ihr gehen.‘“

Zornig betrat Hadrian jetzt sein Haus.

Da sprach seine Frau zu ihm: „Deine Philosophen haben dich verführt, indem sie dich glauben ließen, daß du dich zum Gotte machen kannst. Du bist in der Tat ein großer und mächtiger König, und alles ist in deiner Hand. Ich aber sage dir nun etwas sehr Wichtiges. Gib Ihm Sein Pfand zurück, und dann kannst du Gott werden."

Er fragte: „Was ist denn Sein Pfand?"

Sie antwortete: „Die Seele!"

Da sprach er: „Wenn mich meine Seele verläßt, was kann ich dann noch tun?"

Darauf sie: „Du hast keine Gewalt über die Seele, die in dir ist. Tatsächlich heißt es (Prediger Salomo 8, 8): ‚Ein Mensch hat nicht Macht über den Geist, den Geist einzusperren, und keine Gewalt über den Tag des Todes.' Wie kannst du dich zum Gotte machen? Du bist doch nur ein Mensch und kein Gott!"

Nach *Midrasch Tanḥuma, Bereschith,* 7

Warum Gott den Götzendienst nicht abschafft

Unsere Meister lehrten:

Die nichtjüdischen Philosophen fragten die jüdischen Weisen in Rom: „Wenn euer Gott den Götzendienst nicht will, warum schafft Er ihn nicht ab?"

Die Weisen antworteten: „Wenn nur das vergöttert werden würde, was die Welt nicht braucht, dann würde Er gewiß den Götzendienst abschaffen. Aber die Menschen machen doch Gottheiten auch aus der Sonne, dem Mond, den Sternen und den Planeten. Soll Er etwa die ganze Welt zerstören, nur weil es Narren gibt?! Nein, die Welt geht naturgemäß weiter. Jedoch die Narren, welche Verderben anrichten, werden einst Rechenschaft ablegen müssen."

Ähnlich verhält es sich mit jemandem, der ein Maß Weizen raubt und dann diesen Weizen aussät. Bei allem, was recht ist, sollte an sich dieser geraubte Weizen nicht sprießen. Aber die Welt geht naturgemäß weiter. Jedoch die Narren, welche Verderben anrichten, werden einst Rechenschaft ablegen müssen.

Nach b. *'Abhodah Zarah* 54b

II Von Mensch und Welt

Laß die Wahrheit von der Erde aufsprießen

Rabbi Simon lehrte:

Als der Heilige, gelobt sei Er, den Menschen erschaffen wollte, da bildeten sich verschiedene Gruppen und Parteien unter den Dienstengeln. Einige sagten: „Der Mensch soll erschaffen werden." Andere dagegen sagten: „Er soll nicht erschaffen werden."

Die Liebe sprach: „Er soll erschaffen werden, denn er wird Liebestaten üben."

Die Wahrheit sprach: „Er soll nicht erschaffen werden, denn er wird voller Lügen sein."

Die Gerechtigkeit sprach: „Er soll erschaffen werden, denn er wird in Gerechtigkeit handeln."

Der Friede sprach: „Er soll nicht erschaffen werden, denn er wird doch voller Zanksucht sein."

Was tat der Heilige, gelobt sei Er?

Er nahm die Wahrheit und warf sie auf die Erde.

Da sprachen die Dienstengel zu dem Heiligen, gelobt sei Er: „Herr der Welt! Die Wahrheit ist doch Dein Siegel. Wie kannst Du sie verachten? Laß die Wahrheit wieder von der Erde aufsteigen!"

Daher heißt es auch (Psalm 85,12): „Laß die Wahrheit von der Erde aufsprießen."

Rabbi Huna, der Meister aus Sepphoris, fügte hinzu: Während die Dienstengel noch stritten und miteinander diskutierten, schuf der Heilige, gelobt sei Er, den Menschen. Er sprach zu den Dienstengeln: „Was nützt euch eure Diskussion? Der Mensch wurde bereits erschaffen."

Nach *Genesis Rabbah,* 8,5, ed. Theodor – Albeck, S. 60

Ein einziger Mensch

Bei der Schöpfung wurde nur ein einziger Mensch erschaffen, um dich zu lehren, daß, wenn jemand nur eine einzige Person vernichtet, die Heilige Schrift es ihm anrechnet, als hätte er eine ganze Welt vernichtet, und wenn jemand eine einzige Person am Leben erhält, die Heilige Schrift es ihm anrechnet, als hätte er eine ganze Welt am Leben erhalten.

Auch geschah es um des Friedens unter den Menschen willen. Ein Mensch soll nicht zum anderen sagen: „Mein Vater war größer als dein Vater."

Auch damit die Ketzer nicht sagen, daß es mehrere Gottheiten im Himmel gebe.

Und endlich, um die Größe des Heiligen, gelobt sei Er, zu verkünden. Ein Mensch, der Münzen prägt, prägt viele Münzen mit einem Stempel, und die Münzen sind alle einander gleich. Aber der König aller Könige, der Heilige, gelobt sei Er, hat jeden Menschen mit dem Stempel des ersten Menschen ausgeprägt, und dennoch gleicht nicht ein Mensch dem anderen.

Daher muß auch jeder einzelne Mensch sagen: „Meinetwegen ist die Welt erschaffen worden."

Nach *Mischnah Sanhedrin* 4, 5

Die Willensfreiheit

Rabbi Chanina bar Papa erklärte:

Der Engel, der zur Überwachung der Empfängnis bestellt ist, heißt *Lailah* (Hebräisch für „Nacht"). Wenn eine Empfängnis stattfindet, nimmt er den Samentropfen und legt ihn vor den Heiligen, gelobt sei Er, und spricht:

„Herr der Welt, was wird das Geschick dieses Tropfens sein? Wird sich daraus ein starker oder ein schwacher Mensch entwickeln? Ein weiser Mensch oder ein törichter Mensch? Ein reicher oder ein armer Mensch?"

Das wird alles von Gott entschieden.

Nur eine Frage stellt der Engel nicht, und sie wird auch nicht von Gott entschieden: „Wird es ein gerechter oder ein frevelhafter Mensch werden?"

Dies ist auch die allgemeine Anschauung Rabbi Chaninas. Denn Rabbi Chanina lehrte: „Alles ist in Gottes Hand, nur nicht die Gottesfurcht." Nach b. *Niddah* 16b

Gottesfurcht, nicht Menschenfurcht

Rabbi Samuel ben Sosratai ging nach Rom, als die Kaiserin ein Armband verloren hatte. Er fand es.

Ein Herold zog durch das Reich und rief aus: „Wer das Armband innerhalb von dreißig Tagen zurückbringt, erhält eine Belohnung; wird es aber bei jemandem nach den dreißig Tagen gefunden, wird ihm der Kopf abgeschlagen!"

Rabbi Samuel brachte das Armband nicht innerhalb der dreißig Tage zurück. Er tat es erst, als die dreißig Tage vorüber waren.

Da sprach die Kaiserin zu ihm: „Warst du denn nicht im Reich?"

Er antwortete: „Doch!"

„Hast du den Ruf des Herolds gehört?"

„Ja, ich habe ihn gehört."

„Und was hast du ihn ausrufen gehört?"

Er erzählte es ihr.

„Warum hast du also nicht das Armband innerhalb der dreißig Tage zurückgebracht?"

Er antwortete: „So daß du nicht sagen sollst, daß ich *dich* fürchte. Ich habe es zurückgebracht, weil ich *Gott* fürchte."

Da sprach die Kaiserin: „Gelobt sei der Gott der Juden!"

Nach p. *Baba Mezi'a* II, 5, ed. Krotoschin, p. 8c

Die religiöse Pflicht

„Der barmherzige Mann tut sich selber Gutes."

Sprüche Salomos 11,17

Das bezieht sich auf Hillel den Älteren. Einmal, als er das Studium mit seinen Schülern beendet hatte, ging er mit ihnen zusammen aus dem Lehrhaus.

Die Schüler fragten ihn: „Wo gehst du hin, Meister?"

Er antwortete: „Eine religiöse Pflicht zu erfüllen."

„Was", fragten sie, „ist diese religiöse Pflicht?"

Er antwortete: „Ich gehe ins Badehaus, um zu baden."

Da wunderten sich die Schüler und fragten: „Ist denn das eine religiöse Pflicht?"

Er antwortete ihnen: „Ja! Wenn schon die Statuen der Könige, die man in den Theatern und in den Zirkussen aufstellt, täglich geputzt und gewaschen werden und wenn der Mann, der den Beruf hat, diese Statuen zu putzen und zu waschen, nicht nur seinen Lebensunterhalt dadurch verdient, sondern auch eine gehobene Stellung unter den Großen des Reiches einnimmt, um wieviel mehr paßt das auf mich, der ich im Ebenbilde Gottes und nach Seiner Ähnlichkeit erschaffen worden bin?! Es heißt doch (Genesis 9,6): ‚Denn im Ebenbilde Gottes hat Er den Menschen gemacht.'"

Nach *Leviticus Rabbah,* 34,3, ed. Margulies, S. 775–777

Hillel sagte: „Wenn ich nicht für mich bin, wer ist für mich? Bin ich aber nur für mich, was bin ich schon? Und wenn nicht jetzt, wann denn?"

Mischnah Abhoth 1,14

Körper und Seele

Rabbi Ismael lehrte folgendes Gleichnis über das Verhältnis von Körper und Seele:

Ein König hatte einen Garten mit schönen früh reifenden Feigen. Er setzte zwei Wächter in den Garten, einen blinden und einen lahmen, und befahl ihnen, gut auf die Feigen aufzupassen. Dann entfernte sich der König.

Nach einer Weile sagte der Lahme zu dem Blinden: „Ich sehe ein paar schöne Feigen." „Bring sie mir", sprach der Blinde, „und wir werden sie essen."

„Kann ich denn gehen?" antwortete der Lahme. Und der Blinde sprach: „Kann ich denn sehen?"

Was taten sie also? Der Lahme setzte sich auf die Schultern des Blinden und steuerte ihn zu den Feigen hin. Sie nahmen sich die Feigen und verzehrten sie dann, ein jeder auf seinem ursprünglichen Platz.

Nach einigen Tagen kam der König zurück, und, als er die Feigen nicht sah, fragte er die Wächter in beschuldigendem Ton: „Wo sind die Feigen?"

Da sprach der Blinde: „Kann ich denn sehen?" Und der Lahme sprach: „Kann ich denn gehen?"

Doch der König war klug. Er setzte den Lahmen auf den Blinden und sprach: „So habt ihr es gemacht." Dann verurteilte er sie beide zusammen.

So macht es auch der Heilige, gelobt sei Er, in der eschatologischen Zukunft.

Er spricht zur Seele: „Warum hast du dich gegen Mich versündigt?"

Die Seele antwortet: „Herr der Welt! Ich soll mich gegen Dich versündigt haben? Der Körper hat doch gesündigt! Habe ich etwa gesündigt, seitdem ich den Körper verlassen habe?"

Dann spricht Er zum Körper: „Warum hast du gesündigt?" Und der Körper antwortet: „Herr der Welt! Es war die Seele, die gesündigt hat. Seitdem sie aus mir entfloh, war ich doch vor dir wie eine leblose Tonscherbe, die man auf den Misthaufen geworfen hat."

Was tut der Heilige, gelobt sei Er? Er bringt die Seele wieder in den Körper zurück und richtet Körper und Seele zusammen als ein einziges Wesen.

Darum heißt es auch (Psalm 50,4): „Er ruft die Himmel droben und die Erde, Sein Volk (hebr. *'ammo)* zu richten." „Er ruft die Himmel droben" – um die Seele zu bringen, „und die Erde" – um den Körper zu holen, „daß Er die Seele mit ihm zusammen (hebr. *'immo)* richten kann."

Nach *Leviticus Rabbah* 4, 5, ed. Margulies, S. 88–89

Die Zeiten und ihre Frömmigkeit

„Noah war ein frommer Mann und ohne Tadel zu seinen Zeiten.“ *Genesis 6,9*

Rabbi Jochanan sagte:

„*Zu seinen Zeiten* war Noah ein frommer Mann. Hätte er zu einer anderen, weniger bösen Zeit gelebt, so würde seine Frömmigkeit gar nicht so bemerkenswert gewesen sein.“

Doch Resch Lakisch behauptete: „Wenn Noah selbst zu *seinen* Zeiten fromm war, würde er doch erst recht zu anderen, weniger sündhaften Zeiten fromm gewesen sein!“

Rabbi Chanina gab ein Beispiel für die Auffassung Rabbi Jochanans:

„Das läßt sich mit einem Faß Wein vergleichen, das zusammen mit Essig in einem Keller liegt. Verglichen mit dem Essig riecht der Wein gut. Wenn aber der Wein woanders liegt, wird er nicht als wohlriechend empfunden.“

Rabbi Oschaja gab ein Beispiel für die Auffassung des Resch Lakisch:

„Das läßt sich mit einem Fläschchen Lavendelöl vergleichen, das auf einem Misthaufen liegt. Wenn es dort schon gut riecht, wieviel besser noch würde es unter den Gewürzen riechen!“

Nach b. *Sanhedrin* 108a

Deine Kinder

Rabbi Berechja sagte einst im Namen Rabbi Levis:

Ein König hatte einen Weinberg und überließ ihn der Obhut eines Pächters. Wenn der Wein gut war, sprach er: „Wie gut ist doch der Wein von meinem Weinberg!" Aber wenn der Wein schlecht war, sprach er: „Wie schlecht ist der Wein meines Pächters!"

Da sagte der Pächter: „Ob der Wein nun gut oder schlecht ist, so ist er doch auf jeden Fall dein Wein."

So sprach auch der Heilige, gelobt sei Er, am Anfang zu Moses (Exodus 3, 10): „So geh nun hin. Ich will dich zu Pharao senden, daß du *Mein Volk*, die Israeliten, aus Ägypten führest."

Als aber die Israeliten das goldene Kalb gemacht hatten, da sprach Er zu Moses (Exodus 32, 7): „Geh, steig hinab; denn ausgeartet ist *dein Volk*, das du herausgeführt hast aus dem Lande Ägypten!"

Aber Moses antwortete dem Heiligen, gelobt sei Er: „Herr der Welt! Du willst mir also zu verstehen geben, daß, wenn die Israeliten sündigen, sie *mein* Volk sind, und daß, wenn sie sich sündenlos benehmen, sie *Dir* gehören. So ist das aber nun nicht. Ob sündhaft oder sündenlos, sie gehören Dir!"

Darum heißt es auch (Deuteronomium 9,29): „Und doch sind sie Dein Volk und Dein Erbe."

Nach *Pessiqta deRabh Kahana, Pissqa* 16, ed. Buber, p. 128b

Richtet nicht … !

Es lehrten unsere Meister:

Die Weisen benötigten einmal etwas von einer vornehmen römischen Dame, mit der alle Großen Roms Verhältnisse hatten.

Sie sprachen: „Wer von uns wird zu ihr gehen?"

Da sagte Rabbi Josua: „Ich werde gehen."

Rabbi Josua machte sich auf den Weg zusammen mit seinen Schülern. Als er in die Nähe ihres Hauses kam, in einer Entfernung von vier Ellen, nahm er seine Gebetsriemen ab, ging in das Haus hinein und verschloß die Tür vor seinen Schülern.

Als er wieder herauskam, ging er zuerst in ein rituelles Bad, und dann lernte er mit seinen Schülern.

Er sprach zu ihnen: „Als ich meine Gebetsriemen abnahm, wes habt ihr mich da verdächtigt?"

Sie antworteten: „Wir dachten, daß unser Meister die heiligen Worte nicht an einen Ort der Unreinheit mitnehmen wollte."

„Und als ich vor euch die Tür verschloß, wes habt ihr mich da verdächtigt?"

„Wir dachten, vielleicht hat der Meister ein geheimes Staatsgespräch mit der Dame zu führen."

„Und als ich später in das rituelle Bad herabstieg, welcher Verdacht kam euch da auf?"

„Wir dachten, daß etwas Speichel von der Dame auf das Gewand des Meisters gespritzt sei und daß er deshalb rituell unrein wurde."

Da rief Rabbi Josua: „Beim Tempeldienst! So war es auch. Und so, wie ihr mich günstig beurteilt habt, so möge der Allgegenwärtige auch euch günstig beurteilen!"

Nach b. *Schabbath* 127b

Hillel sagte: „Sondere dich nicht von der Gemeinschaft ab, und glaube nicht an dich selbst bis zu deinem Todestag, und richte deinen Nebenmenschen nicht, bis du in seine Lage kommst."

Mischnah Abhoth 2,4

Vertilgung der Sünden, nicht der Sünder

In der Gegend von Rabbi Meir wohnten Verbrecher, die ihm viel zusetzten.

Rabbi Meir betete daher, daß sie sterben mögen.

Seine Frau Beruriah hörte das mit an. Dann sprach sie zu ihm:

„Wie kannst du nur vermuten, daß ein solches Gebet erlaubt wäre?! Etwa, weil es im Psalm 104,35 heißt: ‚Mögen die Sünder von der Erde verschwinden?‘ Aber das Wort, das du als ‚Sünder‘ (hebräisch: *chatta-im*) liest, kann auch als ‚Sünden‘ (hebräisch: *chata-im*) gelesen werden. Und sieh dir auch den zweiten Teil des Verses an: ‚Und mögen die Frevler nicht mehr sein.‘ Das bedeutet, daß es, wenn es keine Sünden mehr gibt, auch keine Frevler mehr geben wird. Du sollst also dafür beten, daß diese Menschen Buße tun. Dann wird es keine Frevler mehr geben.“

Rabbi Meir tat es; und die Verbrecher taten Buße.

Nach b. *Berakhoth* 10a

Der böse Trieb

Der böse Trieb im Menschen lüstet nur nach Verbotenem. An einem Versöhnungstag, an dem Essen und Trinken streng verboten sind, stattete Rabbi Mana dem Rabbi Chaggai, der krank war, einen Besuch ab.

Da sagte Rabbi Chaggai: „Ich habe großen Durst."

Rabbi Mana sprach: „Du darfst trinken."

Nach einer Stunde kam Rabbi Mana wieder und fragte Rabbi Chaggai: „Wie steht es um deinen Durst?"

Da antwortete Rabbi Chaggai: „Sowie du mir das Trinken erlaubt hast, verschwand der Durst." Nach p. *Joma* VI, 4, ed. Krotoschin, p. 43d

Wollt ihr meine Welt vernichten?

Zur Zeit der römischen Besetzung Judaeas saßen einst Rabbi Judah bar Ila'i, Rabbi Jossé und Rabbi Simeon bar Jochai beisammen. In ihrer Nähe saß Judah, der Sohn von Proselyten.

Rabbi Judah bar Ila'i eröffnete die Unterhaltung, indem er sagte: „Wie schön sind doch die Werke dieser Römer! Sie haben Marktplätze gebaut. Sie haben Brücken errichtet. Sie haben Badehäuser eröffnet."

Rabbi Jossé schwieg.

Aber Rabbi Simeon antwortete und sprach: „Was auch die Römer gebaut haben, haben sie doch nur für sich selbst gebaut! Sie haben Marktplätze gebaut, damit sie Prostituierte dort ansiedeln können. Sie haben Brücken errichtet, damit sie dort Zoll einnehmen können. Sie haben Badehäuser eröffnet, damit sie sich selbst in ihnen verjüngen können."

Judah, der Sohn von Proselyten, erstattete bei den Behörden Bericht über diese Unterhaltung. Daraufhin verordnete die Regierung: „Judah bar Ila'i, der uns gepriesen hat, soll selbst gepriesen werden. Jossé, der geschwiegen hat, soll nach Sepphoris verbannt werden. Simeon, der uns kritisiert hat, soll getötet werden."

Da verbargen sich Simeon und sein Sohn im Lehrhaus. Seine Frau brachte ihnen täglich ein

Brot und einen Krug Wasser. Als aber die Verfolgung schlimmer wurde und sie fürchteten, im Lehrhaus entdeckt zu werden, verbargen sie sich in einer Höhle.

Dort geschah ihnen ein Wunder. Ein Johannisbrotbaum wuchs für sie auf, und ein Wasserquell sprudelte für sie.

Sie entkleideten sich und saßen bis zu ihrem Halse im Sand, und täglich studierten sie den ganzen Tag lang die Torah. Nur zu den Gebetszeiten legten sie ihre Kleider an und beteten. Dann zogen sie die Kleider wieder aus, damit sie sich nicht zu sehr abtrügen. Und so blieben Rabbi Simeon bar Jochai und sein Sohn zwölf Jahre lang in der Höhle.

Dann kam der Prophet Elia, stellte sich an den Höhleneingang und rief: „Wer wird es dem Sohne Jochais kundtun, daß der Kaiser gestorben ist und daß seine Verordnung rückgängig gemacht wurde?"

Da verließen sie die Höhle.

Als sie dann auf offenem Feld Bauern sahen, die pflügten und säten, sagten sie ärgerlich: „Diese Menschen vernachlässigen das ewige Leben (d. h. das Torahstudium, das zum ewigen Leben führt) und befassen sich mit weltlichen Dingen!" Und alles, worauf sie ihren Blick richteten, wurde sofort verbrannt.

Da ließ sich eine himmlische Stimme vernehmen: „Seid ihr aus eurer Höhle herausgekommen, um Meine Welt zu vernichten? Geht zurück in eure Höhle!"

Nach b. *Schabbath* 33b; vgl. p. *Shebhi'ith* IX, 1, ed. Krotoschin, p. 38d und Parallelen

„Weltlich“

Einst rügte Raw Huna seinen Sohn Rabbah: „Warum befindest du dich eigentlich nicht bei den Lehrvorträgen des Raw Chisda? Es wird doch von ihm gesagt, daß seine Lehre sehr scharfsinnig sei.“

Da antwortete der Sohn: „Warum soll ich zu ihm gehen? Wenn ich dort bin, spricht Raw Chisda immer nur von weltlichen Dingen. Er redet von den Funktionen der Verdauungsorgane und von anderen rein physischen Angelegenheiten.“

Der Vater aber sprach zu ihm: „Raw Chisda redet von den Geschöpfen Gottes, und du nennst das ‚weltlich‘! Geh zu ihm hin!“

Nach b. *Schabbath* 82a

Gott liefert nur das Rohmaterial

Einst fragte der böse römische Statthalter, Tinneius Rufus, den Rabbi Akiba: „Wessen Werke sind eigentlich schöner, die Werke Gottes oder die Werke der Menschen?"

Rabbi Akiba antwortete: „Die Werke der Menschen!"

Auf diese Antwort war der Statthalter natürlich nicht gefaßt, und er erwiderte: „Kannst du so etwas wie Himmel und Erde machen?"

Darauf Akiba: „Komm mir doch nicht mit Sachen, die außerhalb der menschlichen Macht liegen, sondern sprechen wir über etwas, das es unter den Menschen gibt."

Rabbi Akiba ließ nun Ähren vom Feld und schöne, ansehnliche Brote von der Bäckerei holen. Er zeigte auf die Ähren und sprach: „Das ist das Werk Gottes." Dann wies er auf die Brote und sprach: „Und das ist das Werk der Menschen. Ist es nicht schöner als das Werk Gottes?"

Danach ließ Akiba Flachsbündel vom Feld und feine Kleider aus Beisan holen. Wiederum nannte er das Naturprodukt „Werk Gottes" und die Handarbeit nannte er „Werk des Menschen".

Dann wiederholte er seine Frage: „Ist denn das Werk der Menschen nicht schöner als das Werk Gottes?"

Nach *Midrasch Tanḥuma, Tazri'a,* 7, ed. Buber, p. 18a

Die vereitelte Scheidung

Raw Idi erzählte:

Es geschah einmal, daß eine Frau in Sidon mit ihrem Mann zehn Jahre lang lebte, ohne daß sie ihm ein Kind gebar. Dem Gesetz in diesen Angelegenheiten folgend, gingen sie zu Rabbi Simeon bar Jochai, um sich scheiden zu lassen.

Der Rabbi sprach zu ihnen: „Bei eurem Leben! So wie ihr, als ihr euch trauen ließet, bei einem festlichen Gelage zusammen kamt, so solltet ihr euch auch jetzt nicht ohne ein festliches Gelage trennen."

Sie folgten dem Rat des Rabbi und bereiteten ein großes Fest, bei dem die Frau ihrem Mann mehr als gewöhnlich zu trinken gab. Als er sich nun sehr wohl fühlte, sagte er zu seiner Frau: „Töchterlein, du kannst dir aus meinem Hause das mitnehmen, was dir am besten gefällt; und dann kehre zurück in das Haus deines Vaters."

Was tat sie? Als er eingeschlafen war, befahl sie ihren Knechten und Mägden, ihn und das Bett, auf dem er schlief, in das Haus ihres Vaters zu bringen.

Um Mitternacht wachte der Mann auf. Als der Weinrausch ihn verlassen hatte, sah sich der Mann verwundert um und sprach: „Töchterlein, wo bin ich denn eigentlich?"

„Du bist“, antwortete sie, „im Hause meines Vaters.“

„Was habe ich denn mit dem Hause deines Vaters zu tun?“

Sie antwortete: „Erinnerst du dich nicht daran, daß du mir gestern abend gesagt hast, daß ich das, was mir am besten gefällt, mitnehmen kann wenn ich zu meinem Vater zurückkehre? Nichts gefällt mir besser in der ganzen Welt als du!“

Da gingen sie wieder zusammen zu Rabbi Simeon bar Jochai. Er betete für sie; und die Frau wurde schwanger.

Nach *Schir Haschirim Rabbah* I, 4, ii

Der zurückverlangte Schatz

Einst, als Rabbi Meir an einem Sabbath Nachmittag im Lehrhaus saß und die Schrift erklärte, starben seine zwei Söhne. Was tat ihre Mutter? Sie legte sie auf ein Bett und bedeckte sie mit einem Laken.

Am Sabbathausgang, als Rabbi Meir nach Hause kam, wollte er wissen, wo seine zwei Söhne seien. Da sagte seine Frau: „Sie sind ins Lehrhaus gegangen."

Rabbi Meir aber sprach: „Ich habe mich im Lehrhaus umgesehen und sie dort nicht gefunden."

Nun reichte seine Frau ihm den Weinkelch zum Sabbathausgangsgebet. Er sprach das Gebet. Dann kam er wieder auf seine Söhne zurück. „Wo sind meine beiden Söhne?" fragte er.

„Sie sind irgendwo hingegangen", antwortete seine Frau, „und werden sicher bald wiederkommen."

Sie brachte ihm nun das Abendessen.

Nachdem er gegessen hatte, sprach sie: „Rabbi, darf ich eine religionsgesetzliche Frage an dich stellen?"

„Frag, Töchterlein, frag", antwortete Rabbi Meir.

Sie erzählte: „Vor einiger Zeit kam ein Mann hierher und gab mir einen Schatz zum Aufbewahren. Nun kam er wieder zurück, um den aufbewahrten Schatz an sich zu nehmen. Soll ich den Schatz zurückgeben oder nicht?"

„Aber, Töchterlein", erwiderte entrüstet Rabbi Meir, „was ist denn das für eine Frage! Wenn man es übernommen hat, für jemanden etwas aufzubewahren, muß man es natürlich auf Verlangen zurückgeben."

Darauf sprach seine Frau: „Ja, du hast recht. Selbst ohne deine Meinungsäußerung hätte ich den aufbewahrten Schatz zurückgegeben."

Dann nahm sie ihren Mann bei der Hand und führte ihn in das obere Zimmer zu dem Bett, in dem die toten Söhne lagen. Sie entfernte das Laken, mit dem sie die Leichen zugedeckt hatte, und Rabbi Meir sah nun seine beiden toten Söhne.

Rabbi Meir weinte und schrie: „Meine Söhne, meine Söhne! Meine Lehrer, meine Lehrer! Meine Söhne – weil sie sich immer anständig verhalten haben; meine Lehrer – weil sie meine Augen durch ihr Torahstudium erleuchtet haben."

Nun sprach seine Frau: „Rabbi, hast du mir nicht selber gesagt, daß man einen aufbewahrten Schatz seinem Besitzer zurückgeben muß? Der Besitzer ist gekommen und hat seinen Schatz zurückgenommen."

Da zitierte Rabbi Meir die Worte des Hiob

(1, 21): „Der Herr hat's gegeben, der Herr hat's genommen; der Name des Herrn sei gelobt!"

Nach *Midrasch Mischlé* 31, ed. Buber, p. 54b–55a

Rabbi Meir sagte: „Sieh nicht auf den Krug, sondern auf seinen Inhalt; mancher Krug ist neu und enthält alten Wein, und mancher Krug ist alt und enthält nicht einmal jungen Wein."

Mischnah Abhoth 3, 20

Um des Kleinviehs willen

Als Alexander der Große nach Nordafrika kam, brachten ihm die Einwohner goldene Äpfel, goldene Granatäpfel und goldenes Brot. Er aber sprach zu ihnen: „Ich bin nicht zu euch gekommen, um euren Besitz zu sehen, sondern um mich über eure Gesetze zu informieren."

Da kamen zwei Männer vor den afrikanischen König und verlangten einen Rechtsspruch.

Der eine Mann sagte: „Eure Majestät! Ich habe von diesem Mann hier einen Johannisbrotbaum gekauft, und, als ich ihn ausschälte, fand ich einen Schatz darin. Nun bat ich diesen Mann, den Schatz zurückzunehmen, denn ich habe ja nur den Johannisbrotbaum gekauft, aber nicht den Schatz. Doch weigert er sich, das zu tun."

Da erwiderte der andere Mann: „Genauso wie du dich vor der Strafe fürchtest, so fürchte ich mich auch. Als ich dir den Johannisbrotbaum verkaufte, verkaufte ich ihn dir mit allem, was daran und darin ist."

Der afrikanische König fragte den einen Mann: „Hast du einen Sohn?"

„Ja", antwortete der Mann.

Dann fragte er den anderen Mann: „Hast du eine Tochter?"

„Ja", war die Antwort.

„So sollen eure Kinder heiraten und gemeinsam an dem Schatz Freude haben!" sagte der König.

Alexander der Große war offensichtlich verwundert.

„Warum wunderst du dich", fragte der afrikanische König, „habe ich nicht richtig geurteilt?"

„Doch, das hast du getan", antwortete Alexander.

„Wenn dieser Fall in deinem Land vorgekommen wäre", fuhr der afrikanische König fort, „wie wäre dein Urteil ausgefallen?"

Alexander antwortete: „Beide Männer hätten ihre Köpfe verloren, und der Schatz wäre in die königliche Schatzkammer gekommen."

„Sag mir", fragte der afrikanische König jetzt, „scheint die Sonne in deinem Land?"

„Ja", antwortete Alexander.

„Fällt der Regen in deinem Land?"

„Ja."

„Vielleicht gibt es in deinem Land Kleinvieh?"

„Gewiß."

„Jetzt erst kann ich verstehen, warum bei euch die Sonne scheint und der Regen fällt. Es ist um des Kleinviehs willen, und nicht wegen eurer Gerechtigkeit, daß ihr gerettet werdet."

Darum heißt es auch (Psalm 36,7): „Herr, Du

hilfst Menschen und Vieh.“ Das bedeutet: Du, Herr, erhältst den Menschen wegen des Verdiensts des Viehs.

Nach *Leviticus Rabbah* 27, 1, ed. Margulies, S. 618–623; vgl. *Midrasch Tanḥuma, Emor,* 9, ed. Buber, p. 44b–45a

Ökumenische Veranlassung

Ein gewisser Nichtjude fragte Rabbi Josua:

„Ihr habt Feiertage, und wir haben Feiertage. Wenn ihr euch freut, freuen wir uns nicht; und wenn wir uns freuen, freut ihr euch nicht. Wann freuen wir uns denn zusammen?"

Rabbi Josua antwortete: „Wenn der Regen fällt."

Wie ist das aus der Heiligen Schrift zu beweisen?

Aus Psalm 65, 14. „Es kleiden sich die Fluren mit Schafen, und die Täler hüllen sich in Getreide. Man jauchzet und singt." Und gleich danach (Psalm 66, 1) heißt es: „Jauchzet Gott, alle Lande!"

Es heißt dort *nicht:* „Jauchzet Gott, ihr Priester, Leviten oder Israeliten", sondern: „Jauchzet Gott, alle Lande!"

Nach *Genesis Rabbah* 13,6, ed. Theodor–Albeck, S. 116–117

Öffnet die Tore!

Als der Prophet Jesaja sprach (26, 2): „Öffnet die Tore", sagte er nicht, „und laßt die Priester, Leviten und Israeliten eintreten", sondern er fuhr fort: „und laßt einen gerechten *Goj* eintreten."

Das hebräische Wort *Goj* bedeutet sowohl „Volk" als auch „Nichtjude".

Nach *Siphra, Aharé Moth,* 13, 13, ed. Weiss, p. 86b

Sie sind alle gleich

Ich rufe Himmel und Erde als Zeugen an:

Ob es sich um einen Nichtjuden oder einen Juden handelt, um einen Mann oder eine Frau, um einen Knecht oder eine Magd, sie sind darin alle gleich, daß der göttliche Geist ihren Taten entsprechend auf ihnen ruht!

Anmerkung: Es ist nicht unwahrscheinlich, daß hier einmal, statt „eine Magd", „ein freier Mann" stand. Die Kontraste zwischen den anderen erwähnten Klassen scheinen das zu verlangen. Vgl. auch Kolosser 3,11.

Nach *Seder Elijahu Rabbah,* 10, ed. Friedmann, S. 48

III Von Offenbarung und Torah

Am Anfang war die Weisheit

Rabbi Oschaja eröffnete die Bedeutung der folgenden Verse:

Ruft nicht die Weisheit?
Gibt die Verständigkeit
ihre Stimme nicht an? ...
Der Herr hat mich als Anfang
Seines Weges gestiftet,
als vorderstes Seiner Werke von je ...
Werkmeister war ich neben Ihm,
war Entzücken ich Tag um Tag,
spielend zu aller Stunde vor Ihm.

Sprüche Salomos 8, 1, 22, 30

Da die Weisheit nun gleichbedeutend mit Torah ist, lassen sich die Verse folgendermaßen verstehen:

Die Torah sagt von sich selbst aus, daß sie das Werkgerät des Heiligen, gelobt sei Er, war.

Wenn nämlich ein irdischer König sich einen Palast baut, so baut er ihn gewöhnlich nicht durch seine eigene Geschicklichkeit, sondern er läßt sich dazu einen Architekten kommen. Aber auch der Architekt baut nicht auf einen plötzlichen Einfall hin. Er gebraucht zuerst Pläne und Zeichnungen, um festzustellen, wo er die Kammern und die Pförtchen anbringen soll.

So blickte auch der Heilige, gelobt sei Er, zunächst in die Torah, und dann erst schuf er die Welt. Daher sagt auch die Torah (Genesis 1, 1): „Am (oder: Mit dem) Anfang schuf Gott Himmel und Erde." „Anfang" bezieht sich aber auf die Torah, von der es (Sprüche Salomos 8, 22) heißt: „Der Herr hat mich als Anfang Seines Weges gestiftet."

Das bedeutet also, daß Genesis 1, 1 so zu verstehen ist: „Mit der Torah schuf Gott Himmel und Erde."

Nach *Genesis Rabbah* 1, 1, ed. Theodor–Albeck, S. 1–2; vgl. dazu Evangelium des Johannes 1, 1–3

Das tötende und belebende Wort

Es sprachen Rabbi Asarjah und Rabbi Acha im Namen des Rabbi Jochanan:

Als Israel das erste Wort der Zehn Gebote am Sinai hörte, da entfloh ihnen die Seele.

Das Wort kehrte zurück zu dem Heiligen, gelobt sei Er, und sprach:

„Herr der Welt, Du lebst ewig, und Deine Torah lebt ewig. Aber Du hast mich zu den Toten geschickt. Sie sind alle tot!"

Gott machte dann das Wort mundgerechter.

Rabbi Simeon bar Jochai lehrte:

Die Torah, die der Heilige, gelobt sei Er, Israel gab, erstattete ihnen die Seele zurück. So heißt es auch in Psalm 19,8: „Die Torah des Herrn ist schlicht, wiederbringend die Seele."

Nach *Midrasch Schir Haschirim Rabbah,* V, 16,iii

Nur Israel wollte die Torah haben

Als sich der Heilige, gelobt sei Er, offenbarte, um Israel die Torah zu geben, da offenbarte Er sie nicht nur Israel allein, sondern Er bot sie auch allen anderen Völkern an. Er ging zuerst zu den Söhnen Esaus und fragte sie: „Wollt ihr die Torah in Empfang nehmen?"

Da sprachen sie: „Was steht denn darin geschrieben?"

Gott antwortete: „Du sollst nicht morden!" (Exodus 20, 13)

Die Söhne Esaus aber sprachen: „Herr der Welt, es war doch das ganze Wesen unseres Ahnherrn, Mörder zu sein, wie es heißt (Genesis 27, 22): ‚Die Hände sind Esaus Hände' und (Genesis 27, 40): ‚Von deinem Schwerte wirst du dich nähren.' Wir können die Torah nicht in Empfang nehmen."

Gott ging dann zu den Ammonitern und Moabitern und fragte sie: „Wollt ihr die Torah in Empfang nehmen?"

Da sprachen sie: „Was steht denn darin geschrieben?"

Gott antwortete: „Du sollst nicht ehebrechen!" (Exodus 20, 14)

Die Ammoniter und Moabiter aber sprachen: „Herr der Welt, unser ganzes Wesen liegt doch darin, daß wir der Unzucht entstammen, wie es heißt (Genesis 19,36): ‚Also wurden die beiden Töchter Lots schwanger von ihrem Vater.' Wir können die Torah nicht in Empfang nehmen."

Gott ging dann zu den Ismaeliten und fragte sie: „Wollt ihr die Torah in Empfang nehmen?"

Da sprachen sie: „Was steht denn darin geschrieben?"

Gott antwortete: „Du sollst nicht stehlen!" (Exodus 20,15)

Die Ismaeliten aber sprachen: „Herr der Welt, es war doch das ganze Wesen unseres Ahnherrn, daß er ein Räuber war, wie es heißt (Genesis 16,12): ‚Er wird ein wilder Mensch sein; seine Hand wider jedermann und jedermanns Hand wider ihn.' Wir können die Torah nicht in Empfang nehmen."

Und so ging Gott von Nation zu Nation und bot ihnen die Torah an. Aber keine wollte die Torah haben.

Erst am Ende kam er zu den Israeliten. Ohne zu fragen, was denn in der Torah geschrieben steht, antworteten die Israeliten sofort: „Alles, was der Herr gesagt hat, wollen wir tun und verstehen lernen." (Exodus 24,7)

Nach *Sifré zum Deuteronomium, Pissqa* 343, ed. Finkelstein, S. 395–397; vgl. *Pessiqta Rabbathi* 21, ed. Friedmann, p. 99b

Wie ein umgestülptes Faß

„Und Moses führte das Volk aus dem Lager Gott entgegen, und es trat unten an den Berg.“

Exodus 19, 17

(Der hebräische Text läßt auch die Übersetzung *„unter den Berg“* zu.)

Rabbi Abdimi bar Chama bar Chassa sagte: Dies lehrt uns, daß der Heilige, gelobt sei Er, den Berg über die Israeliten umstülpte wie ein Faß und zu ihnen sagte: „Wenn ihr die Torah annehmt, ist es gut; wenn aber nicht, dann werdet ihr hier begraben.“

Darauf sagte Raw Acha bar Jakob: „Wenn dem so war, so könnte man ja gegen die Torah protestieren, weil man sie gezwungenermaßen anzunehmen hatte!“

„Das ist nicht ganz so“, erwiderte Raba. „In den Tagen des Königs Ahasveros haben sie dann die Torah noch einmal freiwillig angenommen. Daher heißt es in Esther 9, 27: ‚Die Juden setzten fest und nahmen auf sich.‘ Das bedeutet: Die Juden setzten jetzt freiwillig fest, was sie schon lange zuvor auf sich genommen hatten.“

Nach b. *Schabbath* 88a

Jeder nach seinem Vermögen

Rabbi Jochanan sprach:

Als Gottes Stimme am Sinai hervorkam, teilte sie sich auf in die siebzig Sprachen der Menschheit, so daß alle Völker sie verstehen konnten.

Rabbi Tanchuma sprach:

Gottes Stimme am Sinai wurde von jedem nach seinem eigenen Verstandesvermögen verstanden. Die Alten verstanden sie nach ihrem Vermögen, die Jungen nach ihrem Vermögen, und so auch die Kinder, die Säuglinge und die Frauen. Selbst Moses verstand nur nach seinem Vermögen. Daher heißt es (Exodus 19, 19): „Moses redete, und Gott antwortete ihm mit einer Stimme." Das bedeutet: mit einer Stimme, die Moses vertragen konnte. Nach *Exodus Rabbah* 5,9

Bring deine eigenen Tafeln!

Die Schüler fragten Rabbi Jochanan ben Sakkai:

„Warum heißt es von den ersten Tafeln der Zehn Gebote, daß Gott sie selbst gemacht hat (Exodus 32,16), während es – nachdem Moses diese Tafeln beim Anblick des goldenen Kalbes zerschmettert hatte (Exodus 32,19) – von den zweiten Tafeln der Zehn Gebote heißt, daß Moses sie sich selbst aus Stein hauen soll (Exodus 34,1)?"

Als Antwort erzählte Rabbi Jochanan folgendes Gleichnis:

Das läßt sich mit einem König vergleichen, der eine Frau heiratet. Er ließ sich den Schreiber kommen und versorgte ihn mit seinem eigenen Papier für die Heiratsurkunde. Auch gab er seiner Braut eine Hochzeitskrone aus eigenem Besitz. Dann brachte der König seine Braut in sein Haus.

Später sah der König, daß seine Frau sich mit einem der Knechte einließ. Da wurde der König zornig und warf sie aus seinem Hause.

Nun trat ihr Brautführer vor den König und sprach: „Mein Herr, weißt du denn nicht, woher du dir diese Frau geholt hast? War es nicht von dem Gesindel der Knechte? Weil sie unter den Knechten aufgewachsen ist, benimmt sie sich noch hochmütig und lernt von ihnen."

Da sagte ihm der König: „Was willst du denn? Etwa, daß ich mich mit ihr wieder versöhne? Dann bring dein eigenes Papier und deinen eigenen Schreiber zur Anfertigung einer neuen Heiratsurkunde, und ich werde sie unterschreiben!"

So sprach auch Moses zu dem Heiligen, gelobt sei Er, als Israel das goldene Kalb anbetete: „Weißt Du denn nicht, woher Du Dir dieses Volk geholt hast? War es nicht aus Ägypten, einem Ort des Götzendienstes?"

Der Heilige, gelobt sei Er, antwortete: „Was willst du denn? Etwa, daß Ich Mich mit Israel wieder versöhne? Dann bring deine eigenen Tafeln, und ich werde sie unterschreiben!"

Nach *Deuteronomium Rabbah, 'Eqebh,* 17, ed. Liebermann, S. 91; vgl. *Tosephta Baba Kamma* 7,4, ed. Zuckermandel, S. 357f.

Das Gebot der Elternehre

Einst wurde Rabbi Elieser gefragt: „Wie weit erstreckt sich eigentlich die Ehre, die wir den Eltern schulden?"

Er antwortete: „Warum fragt ihr mich? Fragt doch den Dama ben Nethina!"

Dama ben Nethina, ein Heide, war Oberhaupt der Ratsversammlung in Askalon. Eines Tages schlug ihn seine Mutter mit einem Schuh vor der ganzen anwesenden Ratsversammlung. Da fiel ihr der Schuh aus der Hand. Dama aber hob den Schuh auf und gab ihn seiner Mutter zurück, damit sie sich nicht zu bemühen brauche.

Auch saß Dama nie auf dem Stein, auf dem sein Vater saß. Als sein Vater starb, verehrte Dama diesen Stein als einen heiligen Gegenstand.

Einmal ging der Jaspis aus dem Brustschild des Hohenpriesters (vgl. Exodus 28, 15–21) verloren. Der Jaspis repräsentierte den Stamm Benjamin. Man fragte nun, wer einen solchen Stein habe, und erhielt die Auskunft, daß Dama ben Nethina einen Jaspis besaß.

Da kamen die Weisen Israels zu Dama ben Nethina und vereinbarten mit ihm, den Stein für hundert Denarii zu kaufen. Als aber Dama den Stein holen wollte, fand er, daß sein Vater auf dem Kästchen, in dem der Jaspis aufbewahrt wurde, schlief; und er weigerte sich, seinen Vater deshalb zu wecken. Die Weisen boten ihm nun zweihundert Denarii an, da der Jaspis so dringend gebraucht wurde. Jedoch Dama weigerte sich immer noch, seinen Vater zu wecken. Da boten ihm die Weisen eintausend Denarii an. Aber Dama weckte seinen Vater nicht. Als dann der Vater später erwachte, brachte Dama den Weisen den Stein. Sie wollten ihm dafür den zuletzt angebotenen Preis von eintausend Denarii zahlen. Er aber sprach: „Wie sollte ich euch die Ehre, die ich meinem Vater schulde, für Geld verkaufen! Ich will mir dafür nichts bezahlen lassen.“ Er verkaufte ihnen den Jaspis für die zuerst vereinbarten hundert Denarii.

Wie hat Gott ihn dafür belohnt? Rabbi Jossé bar Abun erzählte, daß Damas Kuh in derselben Nacht ein rotes Kalb gebar; und als die Israeliten eine rote Kuh zum Reinigungsritual (vgl. Numeri 19, 1–22) brauchten, gaben sie dem Dama für die Kuh ihr Gewicht in Gold.

Nach p. *Pe-ah* I, 1, ed. Krotoschin, p. 15c;
vgl. b. *Qidduschin* 31a

Göttliches Wort, menschliche Auslegung

Abaje sagte:

Wenn es in Psalm 62, 12 heißt:
„Eines hat Gott geredet,
zwei sind's, die ich habe gehört:
daß Gottes die Macht ist",
so bedeutet das, daß ein Schriftvers verschiedene Erklärungsmöglichkeiten enthält und daß ein und dieselbe Lehre nicht aus mehreren Schriftversen gefolgert werden darf.

In der Schule des Rabbi Ismael hat man sich auf folgenden Schriftvers berufen:
„Ist Mein Wort nicht wie ein Feuer,
spricht der Herr,
und wie ein Hammer,
der den Felsen sprengt?" *Jeremia* 23, 29

Was geschieht, wenn der Hammer auf den Felsen aufprallt?
Es sprühen die Funken.

Ein jeder Funke ist das Ergebnis des Hammerschlages auf den Felsen; aber kein Funke ist das einzige Ergebnis.

So kann auch ein einziger Schriftvers viele verschiedene Lehren vermitteln.

Nach b. *Sanhedrin* 34a; vgl. b. *Schabbath* 88b

Worte des lebendigen Gottes

Drei Jahre lang dauerte eine Debatte zwischen den Schulen von Schammai und Hillel. Diese bestanden darauf, daß das Gesetz nach ihrer Meinung festzulegen sei; und jene bestanden darauf, daß das Gesetz nach ihrer Meinung festzulegen sei.

Schließlich ertönte eine himmlische Stimme: „Die Meinungen dieser wie jener sind Worte des lebendigen Gottes! Jedoch soll das Gesetz nach den Bestimmungen der Schule Hillels festgelegt werden!"

Aber wie kann denn das sein? Da diese wie auch jene die „Worte des lebendigen Gottes" sind, was berechtigte die Schule Hillels, das Gesetz nur nach ihren Bestimmungen festlegen zu lassen?

Es geschah, weil die Weisen der Schule Hillels freundlich und bescheiden waren. Sie studierten nicht nur ihre eigenen Traditionen, sondern auch die Traditionen der Schule Schammais. Ja, sie tradierten sogar die Lehren der Schule Schammais, bevor sie ihre eigenen Lehren tradierten.

Nach b. *'Erubhin* 13b

Gott lächelt

Einst stritten sich die Rabbinen um einen Punkt im Gesetz. Rabbi Elieser brachte alle möglichen Argumente vor, um seinen Standpunkt zu beweisen. Doch die anderen Rabbinen ließen sich durch Rabbi Eliesers Argumente nicht überzeugen.

Da sprach Rabbi Elieser: „Selbst dieser Johannisbrotbaum hier kann beweisen, daß die Entscheidung so ausfallen muß, wie ich es behaupte!"

Der Johannisbrotbaum entwurzelte sich und rückte hundert Ellen weit fort. (Manche behaupten sogar, es waren vierhundert Ellen.)

Doch die anderen Rabbinen sagten: „Von einem Johannisbrotbaum läßt sich kein Beweis bringen."

Nun sprach Rabbi Elieser: „Wenn die Entscheidung so sein muß, wie ich es behaupte, dann soll es der Wasserkanal hier beweisen!"

Da fing das Wasser im Kanal an, rückwärts zu fließen.

Doch die anderen Rabbinen sagten: „Ein Wasserkanal kann nicht als Beweis dienen."

Wiederum sprach Rabbi Elieser: „Es sollen die Wände des Lehrhauses beweisen, daß ich recht habe!"

Da fingen die Wände des Lehrhauses an, zu stürzen.

Aber Rabbi Josua schimpfte sie aus und sprach: „Was geht euch Wände es denn an, wenn die Weisen sich über einen Punkt des Gesetzes streiten!“

Die Wände nun haben sich nicht völlig gestürzt – aus Respekt vor Rabbi Josua. Aber aus Respekt vor Rabbi Elieser haben sie sich auch nicht wieder völlig aufgerichtet. Sie blieben wankend stehen.

Rabbi Elieser, der Verzweiflung nahe, schrie jetzt auf: „Wenn die Entscheidung so ausfallen muß, wie ich es behaupte, dann soll Gott selbst es beweisen!“

Tatsächlich ließ sich eine himmlische Stimme vernehmen, die sprach: „Was wollt ihr denn von Rabbi Elieser! Die Entscheidung ist doch in allen Fällen so, wie er es behauptet!“

Da sprang Rabbi Josua auf und rief: „Sie ist nicht im Himmel!“

Was bedeutet dieses Zitat aus Deuteronomium 30, 12; „Sie ist nicht im Himmel?“

Rabbi Jirmijah erklärte: „Die Torah wurde ja schon auf dem Berge Sinai offenbart. Wir brauchen uns daher nicht weiter um himmlische Stimmen zu kümmern. Schließlich enthält ja die

Torah vom Sinai das Prinzip, daß die Stimme der Mehrheit entscheidend ist."

An diesem Tage traf Rabbi Nathan den Propheten Elia. Er fragte ihn: „Was hat Gott eigentlich in jener Stunde getan?"

Da antwortete der Prophet: „Gott hat gelächelt und gesagt: ‚Meine Kinder haben Mich besiegt! Meine Kinder haben Mich besiegt!'"

Nach b. *Baba Mezi'a* 59b

Rabbi Jochanan ben Sakkai sagte: „Hast du viel Torah gelernt, so tue dir nichts darauf zugute, denn dazu bist du geschaffen."

Mischnah Abhoth 2,8

Autorität

Als der jüdische Kalender noch durch die wirkliche Beobachtung des Mondes berechnet wurde, da stritten einmal Rabbi Josua und Rabban Gamaliel (der Präsident des obersten Gerichtshofes) über den Neumond des Monats Tischri, des Monats, in dem die Hohen Feiertage des jüdischen Jahres, Neujahr und Versöhnungstag, gefeiert werden. Jeder bestand auf seiner eigenen Meinung. Aber Rabban Gamaliel war die Autoritätsperson.

Rabban Gamaliel ließ nun an Rabbi Josua folgenden Befehl ergehen: „Ich befehle dir, daß du am Tage, auf den nach deiner Berechnung der Versöhnungstag fällt, mit Stock und Geld (die am Versöhnungstag verboten sind) bei mir erscheinst."

Rabbi Akiba ging zu Rabbi Josua und fand ihn tief betrübt. Da sagte ihm Akiba: „Ich kann dir beweisen, daß alles, was Rabban Gamaliel getan hat, gültig ist. Es heißt ja (Leviticus 23,4): ‚*Dies* sind die Feste des Herrn, heilige Berufungen, die *ihr* verkünden sollt zu ihrer Zeit.' Ob zur richtigen Zeit, ob zur unrichtigen Zeit, ich kenne keine anderen Feste als *diese*."

Als Rabbi Josua zu Rabbi Dossa ben Harkinass kam, sagte ihm dieser: „Wenn wir dem Gerichtshofe Rabban Gamaliels nachforschen wollten, müßten wir auch jedem einzelnen Gerichtshof nachforschen, der seit den Tagen von Moses bis heute eingesetzt wurde."

Da nahm Rabbi Josua seinen Stock und sein Geld in die Hand und begab sich nach Jamnia zu Rabban Gamaliel an dem Tage, der nach seiner Berechnung der Versöhnungstag war.

Rabban Gamaliel erhob sich und küßte das Haupt Rabbi Josuas. Dann sprach er zu ihm: „Komme in Frieden, mein Lehrer und Schüler! Mein Lehrer – in Weisheit. Mein Schüler – weil du meine Worte befolgt hast."

Nach *Mischnah Rosch Haschanah* 2,9

Charakter

Akabja ben Mahalalel bezeugte vor seinen Kollegen vier Traditionen.

Da sagten sie zu ihm: „Akabja, widerrufe die vier Traditionen, die du uns vorgetragen hast, und dann machen wir dich zum Gerichtsvorsitzenden für ganz Israel!"

Akabja aber antwortete: „Es ist besser, daß ich mein ganzes Leben lang ein Narr genannt werde, als daß ich auch nur eine Stunde vor Gott als Frevler gelte. Es soll mir auch nicht nachgesagt werden, daß ich um eines Amtes willen die Traditionen, die ich bezeugt hatte, widerrufen habe."

In seiner Todesstunde sprach er zu seinem Sohn: „Mein Sohn, widerrufe die vier Traditionen, die ich tradiert habe!"

Da sagte der Sohn zu ihm: „Warum hast du sie nicht selbst widerrufen?"

Der Vater erwiderte: „Ich habe sie aus dem Munde einer Mehrheit vernommen, und diese Mehrheit hatte sie wiederum aus dem Munde einer Mehrheit vernommen. Daher verblieb ich bei meiner Überlieferung, und meine Kollegen verblieben bei ihrer Überlieferung. Du aber hast diese vier Traditionen nur aus dem Munde eines einzelnen gehört, und du hast das Gegenteil davon aus dem Munde einer Mehrheit gehört. Es ist daher besser, daß du die Worte eines einzelnen läßt und daß du dich an die Worte einer Mehrheit hältst."

Der Sohn nun bat seinen Vater: „Vater, empfiehl mich deinen Kollegen."

Da antwortete Akabja: „Ich empfehle dich nicht."

„Warum denn nicht? Hast du vielleicht etwas Unrechtes an mir gefunden?"

„Gewiß nicht! Aber deine eigenen Taten sollen dich ihnen nähern, und deine eigenen Taten können dich von ihnen entfernen."

Nach *Mischnah 'Edujoth* 5,6–7

Was soll aus der Torah werden?

Unsere Meister lehrten:

Nachdem Rabbi Meir gestorben war, sagte Rabbi Judah zu seinen Schülern: „Laßt die Schüler des Rabbi Meir nicht in mein Lehrhaus eintreten. Sie kommen nämlich nicht, um Torah zu lernen, sondern nur, um mich mit Zitaten aus der Tradition in Argumenten zu besiegen."

Dennoch gelang es Symmachus, in Rabbi Judahs Lehrhaus einzudringen und an der Diskussion teilzunehmen.

Als Rabbi Judah ihn sah, wurde er zornig und sprach zu seinen Schülern: „Habe ich euch denn nicht gesagt, daß ihr die Schüler des Rabbi Meir hier nicht hereinlassen sollt? Sie sind doch so streitsüchtig!"

Da sprach Rabbi Jossé: „Wenn wir dir gehorchen sollten, dann würden die Menschen mit Recht sagen: ‚Meir ist tot; Judah ist zornig; Jossé schweigt. Und was soll dann aus der Torah werden?!"

Nach b. *Nazir* 49a; vgl. b. *Qidduschin* 52b

Die Wächter der Stadt

Einmal sandte Rabbi Judan Nessiah den Rabbi Chija, den Rabbi Assi und den Rabbi Ammi aus, durch alle Städte des Landes Israel zu ziehen und sich um die Einsetzung von Bibellehrern und Mischnahlehrern (Mischnah = ein Teil der „mündlichen Torah") zu kümmern.

Sie kamen in eine Stadt, in der kein Lehrer zu finden war. Da sprachen sie: „Laßt die Wächter der Stadt zu uns kommen!"

Es wurde eine Mannschaft der Stadtwache zu ihnen gebracht.

„Das sind doch nicht die Wächter der Stadt", sagten sie. „Das sind die Zerstörer der Stadt!"

Die Einwohner der Stadt fragten nun die Rabbinen: „Wer sind denn, nach eurer Meinung, die wirklichen Wächter der Stadt?"

„Es sind", war die Antwort, „die Bibellehrer und die Mischnahlehrer. Daher heißt es auch (Psalm 127, 1): ‚Wo der Herr nicht die Stadt behütet, da wacht der Wächter umsonst.'"

Nach p. *Ḥagigah* I, 7, ed. Krotoschin, p. 76c

Um des Friedens willen

Rabbi Simeon ben Lakisch sprach:

Groß ist der Frieden, denn, um Frieden zwischen Josef und seinen Brüdern zu stiften, bediente sich die Heilige Schrift erdichteter Worte.

Als ihr Vater starb, fürchteten die Brüder, daß Josef jetzt an ihnen Rache üben würde. Daher sagten sie zu ihm (Genesis 50,16f.): „Dein Vater befahl vor seinem Tod und sprach: ‚Also sollt ihr Josef sagen: Vergib doch deinen Brüdern, usw.'."

Doch finden wir nirgendwo in der Heiligen Schrift, daß unser Vater Jakob tatsächlich einen solchen Befehl erlassen hatte. Die Heilige Schrift bedient sich hier erdichteter Worte – um des Friedens willen.

Nach *Deuteronomium Rabbah, Schophetim,* 15,
ed. Liebermann, S. 102

Kein „Altes" Testament

„Und diese Worte, die ich dir heute befehle, sollen in deinem Herzen sein."

Deuteronomium 6,6

„Die ich dir *heute* befehle." Daß sie in deinen Augen nicht seien wie eine alte Verordnung, die niemand beachtet, sondern wie eine neue Verordnung, der alle entgegenlaufen.

Nach *Sifré zum Deuteronomium, Pissqa* 33, ed. Finkelstein, S. 59

Immer noch lieb

Rabbi Judah sprach zu Ehren der Torah, indem er Deuteronomium 27,9 erklärte:

„Merke und höre zu, Israel!
Heute, an diesem Tage,
wirst du zum Volke des Herrn,
deines Gottes.“

Wie konnte Moses in diesem Zusammenhang das Wort „heute“ gebrauchen? Moses hat doch diese Rede erst am Ende der vierzigjährigen Wüstenwanderung gehalten – und Israel ist doch bereits vor vierzig Jahren, durch die sinaitische Offenbarung, Gottes Volk geworden!

Vielmehr will dich der Schriftvers belehren, daß denjenigen, die dem täglichen Torahstudium obliegen, die Torah so lieb ist wie an dem Tage, wo sie am Berge Sinai gegeben wurde.

Nach b. *Berakhoth* 63b

IV Von dem wichtigsten Gebot

Das ist die ganze Torah

Es kam einmal ein Heide zu Schammai und sagte zu ihm: „Bekehre mich zum Judentum unter der Bedingung, daß du mich die ganze Torah lehrst, während ich auf einem Fuß stehe."

Mit einem Zollstock in der Hand warf Schammai ihn sofort hinaus.

Der Heide ging dann zu Hillel und wiederholte seinen Wunsch: „Bekehre mich zum Judentum unter der Bedingung, daß du mich die ganze Torah lehrst, während ich auf einem Fuß stehe."

Hillel nahm ihn ins Judentum auf und belehrte ihn wie folgt: „Was dir verhaßt ist, tue auch deinem Nächsten nicht an. Das ist die ganze Torah. Alles weitere ist Kommentar dazu. Geh hin und lern ihn!" Nach b. *Schabbath* 31a

Noch ein Größeres

„Du sollst deinen Nächsten lieben
wie dich selbst." *Leviticus 19,18*

Rabbi Akiba sagte: „Dieses ist das große Prinzip der Torah."

Aber Ben Asaj sagte: „Es gibt noch ein größeres Prinzip. Es ist der Vers (Genesis 5, 1): ‚Dies ist das Buch von des Menschen Geschlecht. Als Gott den Menschen schuf, machte Er ihn im Ebenbilde Gottes.' Hier geht es nämlich nicht nur um den Nächsten, sondern um alle Menschen."

Nach *Siphra, Qedoschim*, II, Pereq 4, 12, ed. Weiss, p. 89b

Von Moses bis Habakuk

Rabbi Simlai erklärte:

Sechshundertunddreizehn Gebote wurden durch Moses offenbart.

Dann kam David und fand ihre Grundlage in elf Geboten, wie es im 15. Psalm heißt:

Ein Psalm Davids.
Herr, wer wird wohnen in Deinem Zelt?
Wer wird bleiben auf deinem heiligen Berg?

1. Wer ohne Tadel einhergeht und
2. recht tut und
3. redet die Wahrheit von Herzen;
4. wer mit seiner Zunge nicht verleumdet
5. und seinem Nächsten kein Arges tut und
6. seinen Nächsten nicht schmäht;
7. wer die Gottlosen für nichts achtet, jedoch
8. die Gottesfürchtigen ehrt;
9. wer sich selbst zum Schaden schwört und es hält;
10. wer sein Geld nicht auf Wucher gibt und
11. nimmt nicht Geschenke wider den Unschuldigen:

    Wer das tut, wankt ewig nicht.

Dann kam Jesaja und fand die Grundlage in sechs Geboten, wie es in Jesaja 33,15–16 heißt:

1. Wer in Gerechtigkeit wandelt und
2. redet, was recht ist,
3. wer Gewinn durch Bedrückung verschmäht,
4. wer seine Hände lahmschüttelt, daß sie nicht nach Bestechung greifen,
5. wer seine Ohren zustopft, daß er nicht Blutschulden höre, und
6. sein Auge zudrückt, daß er das Böse nicht schaue;

der wird in der Höhe wohnen.

Dann kam Micha und fand die Grundlage in drei Geboten, wie es bei Micha 6, 8 geschrieben steht:

Es ist dir gesagt, Mensch, was gut ist
und was der Herr von dir fordert, nur
1. auf Recht halten,
2. Liebe üben, und
3. demütig wandeln vor deinem Gott.

Wiederum kam Jesaja und fand die Grundlage in zwei Geboten, wie es bei Jesaja 56, 1 heißt:

So spricht der Herr:
1. Bewahret das Recht und
2. übet Gerechtigkeit.

Dann kam Amos und fand die Grundlage in einem einzigen Gebot, wie es bei Amos 5, 4 heißt:

So spricht der Herr zum Hause Israel:
Suchet Mich, so werdet ihr leben!

Raw Nachman bar Jizchak protestierte dagegen: „Man könnte ja den Vers in Amos 5, 4 so verstehen, als ob Gott durch die Beobachtung der ganzen Torah zu suchen sei! Nein, der Prophet, der die Grundlage aller Gebote in einem einzigen Gebot fand, war Habakuk, der (2, 4) sagte: ‚Der Fromme lebt durch sein Vertrauen.'"

Nach b. *Makkoth* 23b, 24a

Der kurze Text

Bar Kappara erklärte:

Welches ist der kurze Text, von dem alle Hauptbestandteile der Torah abhängen?

Es ist Sprüche Salomos 3,6:

„Auf all deinen Wegen erkenn Ihn an,
und Er wird deine Pfade ebnen."

Nach b. *Berakhoth* 63a

Mit deiner ganzen Seele

Rabbi Akiba hatte Hadrians Verbot des Torahlehrens nicht befolgt und wurde zum Märtyrertod verurteilt. Als er in der Anwesenheit des bösen Tinneius Rufus gefoltert wurde, kam die Stunde, das ‚Höre Israel' (Deuteronomium 6, 4–9) zu sprechen. Er sprach es und lächelte.

Der römische Beamte schrie ihn an: „Alter Mann! Wie kannst du bei deinen Schmerzen lächeln? Du bist entweder ein Zauberer, oder du spottest deiner Leiden."

Akiba antwortete: „Ich bin kein Zauberer, und ich spotte meiner Leiden nicht. Aber mein Leben lang habe ich die Worte gesprochen: ‚Du sollst den Herrn, deinen Gott, lieben mit deinem ganzen Herzen und deiner ganzen Seele und deinem ganzen Vermögen', und ich war traurig, wenn ich daran dachte, wie ich denn Gott mit meiner ganzen Seele lieben könne. Ich habe Gott mit meinem ganzen Herzen und mit meinem ganzen Vermögen geliebt. Doch war mir nicht klar, wie ich Ihn auch mit meiner ganzen Seele lieben könne. Jetzt, wo ich meine Seele aufgebe und die Stunde des ‚Höre Israel' gekommen ist und wo ich bei meinem Entschluß bleibe – soll ich da nicht lächeln?"

Als er so sprach, verließ ihn seine Seele.

Nach p. *Berakhoth* IX, 7, ed. Krotoschin, p. 14b

V Vom Gebet

Kurzes und langes Beten

Einst leitete ein Schüler den öffentlichen Gottesdienst in der Anwesenheit Rabbi Eliesers und zog die Andacht sehr in die Länge.

Da beschwerten sich die anderen Schüler bei Rabbi Elieser und sagten: „Was ist das doch für ein Gebetsverlängerer!"

Rabbi Elieser aber antwortete: „Hat er wirklich länger gebetet als Moses unser Meister, von dem es (Deuteronomium 9, 25) heißt, daß er vierzig Tage und vierzig Nächte lang gebetet hat?"

Ein anderes Mal leitete ein Schüler den öffentlichen Gottesdienst in der Anwesenheit Rabbi Eliesers und machte den Gottesdienst recht kurz.

Da beschwerten sich die anderen Schüler bei Rabbi Elieser und sagten: „Was ist das doch für ein Gebetsverkürzer!"

Rabbi Elieser aber antwortete: „Hat er wirklich kürzer gebetet als Moses unser Meister, von dem es (Numeri 12, 13) heißt, daß er ein Gebet von nur fünf Worten gesprochen hat (‚O Gott, heile sie doch!')?"

Nach b. *Berakhoth* 34a

Das Flehen

Rabbi Simeon pflegte zu sagen:

Wenn du betest, betrachte dein Gebet nicht als Satzung, sondern es sei ein inbrünstiges Flehen vor Gott. Denke daran, daß Er gnädig und barmherzig, langmütig und voller Huld ist und das Böse zum Guten wendet. Darum halte dich nie für einen verlorenen Menschen.

Nach *Mischnah Abhoth* 2,13

Tue Deinen Willen im Himmel

Wenn man in Augenblicken von Not und Gefahr verhindert ist, die notwendige Andacht für das tägliche Achtzehngebet aufzubringen, so spreche man ein kurzes Gebet.

Rabbi Elieser schlägt folgenden Text vor:

Tue Deinen Willen im Himmel oben
und verleihe einen ruhigen Geist denen,
die Dich hier unten auf Erden fürchten,
und tue, was Dir gut scheint.
Gelobt seist Du, o Herr,
der auf Gebete hört. Nach b. *Berakhoth* 29b

Nach oben blicken

Es heißt in Exodus 17, 11: „Und es geschah, wenn Moses seine Hand erhob, siegte Israel, und wenn Moses seine Hand sinken ließ, siegte Amalek."

Aber können denn die Hände des Moses den Kampf fördern oder den Kampf hindern?

Nein, dies bedeutet vielmehr, daß die Israeliten, solange sie nach oben blickten und ihr Herz ihrem himmlischen Vater unterwarfen, die Oberhand hatten. Wenn sie es nicht taten, unterlagen sie.

Ähnliches passierte mit der ehernen Schlange, von der es (Numeri 21, 8) heißt: „Mache dir eine Schlange, und setze sie auf eine Stange. Und es wird geschehen, daß jeder Gebissene, der sie ansieht, am Leben bleibt."

Konnte denn die eherne Schlange töten oder Genesung gewähren?

Nein, dies bedeutet vielmehr, daß die Israeliten, solange sie nach oben blickten und ihr Herz ihrem himmlischen Vater unterwarfen, geheilt wurden. Wenn sie es nicht taten, siechten sie dahin.

Nach *Mischnah Rosch Haschanah* 3, 8

Der Vater, der Regen gibt

Chanan der Verborgene war der Sohn der Tochter Choni des Kreisziehers.

Sooft die Welt Regen brauchte, schickten die Rabbinen die Schulkinder zu Chanan.

Sie zerrten dann an den Ecken seines Gewandes und sagten zu ihm: „Vater, Vater! Gib uns Regen!"

Und Chanan betete: „Herr der Welt! Tue es um dieser Kinder willen, die nicht unterscheiden können zwischen dem Vater, der Regen geben kann, und dem Vater, der keinen Regen geben kann."

Und dann kam immer der Regen.

Warum hieß er Chanan der Verborgene?

Weil er sich aus Bescheidenheit immer verbarg.

Nach b. *Ta'anith* 23b

Eitles Gebet

Wenn jemand um etwas, was nicht rückgängig zu machen ist, schreit, dann ist das ein eitles Gebet.

Wie ist das zu verstehen?

Wenn einer, dessen Frau schwanger ist, sagt: „Möge es Gottes Wille sein, daß meine Frau einen Knaben gebiert", dann ist das ein eitles Gebet.

Wenn jemand dahergeht und Schreie aus der Richtung der Stadt hört und betet: „Möge es Gottes Wille sein, daß das nicht Mitglieder meiner Familie sind", dann ist das ein eitles Gebet.

Nach *Mischnah Berakhoth* 9,3

Was schreist du zu Mir?

Als die Israeliten, von den Ägyptern verfolgt, am Rande des Schilfmeeres standen, da murrten sie gegen Moses (vgl. Exodus 14, 11–12), und Moses betete zu Gott.

Aber (Exodus 14, 15) der Herr sprach zu Moses: „Was schreist du zu Mir? Rede zu den Israeliten, daß sie vorwärts ziehen!"

Rabbi Josua sagte:

Der Heilige, gelobt sei Er, sprach zu Moses: „Moses, das einzige, was Israel zu tun braucht, ist vorwärts zu gehen."

Rabbi Elieser sagte:

Der Heilige, gelobt sei Er, sprach zu Moses: „Moses, Meine Kinder sind in Bedrängnis. Das Meer hält sie zurück, und der Feind rennt ihnen nach. Und du stehst da und machst lange Gebete! Was schreist du zu Mir?"

Nach *Mekhilta, Beschallaḥ,* III, ed. Horovitz-Rabin, S. 97

Anliegen des Augenblicks

Raba sah einst, daß Raw Hamnuna sehr viel Zeit beim Gebet verbrachte.

Da sprach Raba: „Diese Menschen vernachlässigen das ewige Leben (d. h. das Torahstudium) und befassen sich mit den Anliegen des Augenblicks!" Nach b. *Schabbath* 10a

VI Von der Erlösung und der kommenden Welt

Wann kommt der Sohn Davids?

Rabbi Jochanan sagte:

Wenn du ein Zeitalter siehst, das immer mehr dahinschwindet, hoffe auf den Messias. Denn so steht es (2 Samuel 22,28) geschrieben: „Du hilfst dem elenden Volk."

Auch sagte Rabbi Jochanan:

Wenn du ein Zeitalter siehst, das von Qualen überflutet wird wie ein Strom, warte auf den Messias. Denn so heißt es (Jesaja 59,19): „Wenn der Feind kommt wie ein Strom, den der Wind des Herrn forttreibt..." Und gleich danach (Jesaja 59,20) heißt es: „Und nach Zion wird der Erlöser kommen."

Ferner sagte Rabbi Jochanan:

Der Sohn Davids kommt nur in einem Zeitalter, das völlig gerecht ist, oder in einem Zeitalter, das völlig böse ist.

Rabbi Alexandri wies auf einen Widerspruch in Jesaja 60,22 hin.

Dort steht über die messianische Erlösung geschrieben: „Ich, der Herr, werde es zu seiner Zeit beschleunigen."

Nun, wenn es „zu seiner Zeit" ist, was bedeutet dann „beschleunigen"?

Wenn Gott es aber „beschleunigt", was bedeutet dann „zu seiner Zeit"?

Rabbi Alexandri erklärte:

Wird Israel würdig sein, „beschleunige Ich" die Erlösung.

Wird Israel aber unwürdig sein, dann kommt der Erlöser erst „zu seiner Zeit".

Nach b. *Sanhedrin* 98a

„Heute"

Eines Tages fragte Rabbi Josua ben Levi den Propheten Elia: „Wann wird der Messias endlich kommen?"

Elia antwortete: „Geh doch zu ihm hin, und frage ihn selbst."

Da sagte Rabbi Josua: „Wo ist er denn?"

Elia antwortete: „Am Tore Roms."

„Und wie werde ich ihn erkennen?"

„Er sitzt unter den aussätzigen Bettlern. Während aber diese ihre Bandagen alle auf einmal abnehmen und wieder anlegen, löst der Messias seine Bandagen einzeln ab und legt sie einzeln wieder an. Er denkt sich nämlich, daß Gott ihn jeden Augenblick rufen könne, um die Erlösung zu bringen, und er hält sich in ständiger Bereitschaft."

Rabbi Josua ging zu ihm und grüßte ihn: „Friede sei mit dir, Meister und Lehrer!"

„Friede sei mit dir, Sohn Levis!"

„Wann wirst du kommen, Meister?"

„Heute."

Später beschwerte sich Rabbi Josua ben Levi bei Elia: „Der Messias hat mich angelogen. Er sagte, daß er heute kommen wird, und er ist nicht gekommen."

Elia aber sprach: „Du hast ihn nicht richtig verstanden. Er hat dir doch Psalm 95,7 zitiert: ‚Heute noch – wenn ihr nur auf Seine Stimme hört!'"

Nach b. *Sanhedrin* 98a

Rabbi Tarphon sagte: „Der Tag ist kurz, die Arbeit groß, die Arbeiter sind träge. Doch der Lohn ist hoch, und der Hausherr drängt. Es liegt dir nicht ob, das Werk zu vollenden, aber es steht dir auch nicht frei, dich ihm zu entziehen."

Mischnah Abhoth 2,15–16

Das Licht

Rabbi Jochanan predigte über den Text von Psalm 36, 10:

„Denn Du bist die Quelle des Lebens;
in Deinem Licht sehen wir Licht."

Es geschah einmal, daß ein Mann eine Laterne anzündete und seines Weges ging. Doch das Licht ging aus. Er zündete die Laterne wieder an, und wiederum erlosch sie. Das geschah immerfort. Jedesmal, nachdem er die Laterne anzündete, ging sie wieder aus.

Schließlich sagte sich der Mann: „Wie lange soll ich mich mit dieser Laterne ermüden? Ich werde warten, bis die Sonne scheint, und dann werde ich im Sonnenlicht einhergehen."

So geschah es auch den Israeliten. Sie waren in Ägypten versklavt. Da stand Moses auf und befreite sie. Aber sie wurden durch Babylon wieder versklavt. Da standen Daniel, Hananiah, Mischael und Asarjah auf und befreiten sie. Jedoch wurden sie in Elam, Medien und Persien wieder versklavt. Da standen Mordechai und Esther auf und erlösten sie. Danach wurden sie von Hellas versklavt, und die Makkabäer erlösten sie. Und nun hat sie das böse Rom versklavt.

Heute sprechen die Israeliten: „Wir sind jetzt

des Sklaveseins und des Erlöstwerdens, des Sklaveseins und des Erlöstwerdens müde. Laßt uns nicht mehr um Erlösung durch Fleisch und Blut beten, sondern nur um Erlösung durch unseren Erlöser, den Herrn der Heerscharen, dessen Name ‚der Heilige Israels' ist. Laßt uns jetzt nicht darum beten, daß Fleisch und Blut uns Licht gebe, sondern nur darum, daß der Heilige, gelobt sei Er, uns Licht gebe."

Daher heißt es auch: „Denn Du bist die Quelle des Lebens; in Deinem Licht sehen wir Licht." Und es heißt (Psalm 118,27): „Der Herr ist Gott, und Er leuchtet uns."

Nach *Midrasch Tehillim* 36,6, ed. Buber, p. 125b

Sterben, um zu leben

Rabbi Eleasar Hakappar sagte:

Wir werden geboren, um zu sterben. Wir sterben, um zu leben und gerichtet zu werden – auf daß jeder lerne, lehre und bekenne, daß Er Gott ist, Er der Bildner und Schöpfer, Er der allweise Prüfer, Er der Richter, der Zeuge und der Kläger. Er wird einst das Urteil sprechen – gelobt sei Er. Bei Ihm gibt es kein Unrecht, kein Vergessen, kein Ansehen der Person und keine Bestechung, denn alles gehört Ihm.

So bedenke denn, daß all deine Taten in Rechnung kommen. Laß dich nicht von deinem bösen Trieb betören, daß das Grab dir eine Zufluchtsstätte sein werde. Denn ohne deinen Willen wurdest du geboren, ohne deinen Willen lebst du, wider deinen Willen mußt du sterben, und wider deinen Willen wirst du einst Rechenschaft ablegen vor dem König der Könige, dem Heiligen, gelobt sei Er.

Nach *Mischnah Abhoth* 4, 22

Wer kommt in das Himmelreich?

Rabbi Baruka aus Chusa ging oft auf den Marktplatz von Lapet. Eines Tages erschien ihm dort der Prophet Elia, und Rabbi Baruka fragte ihn: „Gibt es unter all diesen Menschenmassen einen einzigen Menschen, der Anteil an der kommenden Welt haben wird?"

Elia antwortete: „Es gibt keinen."

Später jedoch kamen zwei Menschen auf den Marktplatz, und Elia sagte zu Rabbi Baruka: „Diese beiden werden Anteil an der kommenden Welt haben."

Rabbi Baruka fragte die beiden Neuhinzugekommenen: „Was ist denn euer Beruf?"

Sie antworteten ihm: „Wir sind Clowns. Wenn wir jemanden sehen, der traurig ist, dann erheitern wir ihn. Wenn wir zwei Menschen sehen, die sich zanken, versuchen wir, sie wieder zu versöhnen."

Nach b. *Ta'anith* 22a

Diese Welt und die kommende Welt

Rabbi Jakob sagte:

Diese Welt gleicht einer Vorhalle zur kommenden Welt. Rüste dich in der Vorhalle, auf daß du in den Festsaal einziehen darfst.

Auch sagte er:

Eine Stunde der Buße und guter Werke in dieser Welt ist mehr wert als alle Wonnen des zukünftigen Lebens. Aber die Seligkeit einer Stunde in der kommenden Welt ist mehr wert als alles Leben in dieser Welt.

Nach *Mischnah Abhoth* 4,16–17

Keine Ruhe

Raw Chija bar Aschi sagte im Namen Raws:

Die Gelehrten, die immer geistig tätig sind, kommen nie zur Ruhe – weder in dieser Welt noch in der kommenden Welt. Denn so heißt es in Psalm 84,8: „Sie gehen von Leistung zu Leistung, jeder, der vor Gott in Zion erscheint."

Nach b. *Berakhoth* 64a

Nicht wie diese Welt

Es war ein Lieblingsspruch Raws:

Nicht wie diese Welt ist die kommende Welt.
In der kommenden Welt
gibt es kein Essen oder Trinken,
keine Fortpflanzung, kein Geschäft
und keinen Neid,
keinen Haß und keinen Wettbewerb.
Aber die Frommen sitzen mit Kronen
auf ihrem Haupt
und ergötzen sich
am Glanz der göttlichen Gegenwart.

Nach b. *Berakhoth* 17a

Kein Auge hat's gesehen

Rabbi Chija bar Abba sagte im Namen des Rabbi Jochanan:

Alle Zukunftsprophezeiungen der Propheten beziehen sich lediglich auf die Tage des Messias. Was aber die kommende Welt betrifft, so gilt Psalm 64, 3: „Kein Auge hat's gesehen, außer Deinem, o Gott, was Er tun wird dem, der auf Ihn hofft."

Nach b. *Berakhoth* 34b; vgl. b. *Sanhedrin* 99a

Der Verfasser

Dr. Jakob J. Petuchowski ist Ordinarius und Forschungsprofessor für jüdische Theologie und Liturgie am Hebrew Union College in Cincinnati, Ohio, U.S.A. 1925 in Berlin geboren, konnte er sich 1939 nach Schottland retten. 1947 erhielt er den B.A. Honours Grad der Universität London und ging 1948 nach Amerika, wo er 1952 den Magister-Grad und die rabbinische Ordination, 1955 den Grad eines Doktors der Philosophie vom Hebrew Union College erlangte. 1978 wurde er von der Universität zu Köln zum Dr. phil. h.c. und 1979 von der Brown University in Providence, R.J., zum D. Litt. h.c. ernannt. Er ist ein „Fellow" der American Academy for Jewish Research. Sechzehn Bücher, die er entweder selbst geschrieben oder herausgegeben hat, sind bis jetzt erschienen, und mehr als 420 seiner Artikel – auf englisch, hebräisch und deutsch – sind in Nachschlagewerken und Zeitschriften veröffentlicht worden. Er hat in West Virginia und Pennsylvania als Rabbiner amtiert und ist seit 1956 Rabbiner für die Hohen Feiertage am B'nai Israel Tempel in Laredo, Texas. 1963/64 war er Rabbiner und Direktor der judaistischen Studien am Hebrew Union College in Jerusalem, Israel. 1971 lehrte er als Gastprofessor für jüdische Philosophie an der Universität Tel-Aviv, Israel, und 1978 war er ein „Littman Research Fellow" am Oxford Centre for Postgraduate Hebrew Studies in England. Seine Mitarbeit am christlich-jüdischen Religionsgespräch hat ihn, seit 1973, wiederholt in die Bundesrepublik Deutschland gebracht.

Kurzes theologisches Register